子どもと関わる人のための

アンガーマネジメント

一般社団法人 日本アンガーマネジメント協会 ●監修
川上陽子＋斎藤美華＋三浦和美 ●著

怒りの感情をコントロールする方法

合同出版

はじめに

　2015年文部科学省は、小学校で1万件以上の暴力行為が起こっていることを発表しました*。子どもたちがすぐキレてしまう、子どもたちの暴力的な言動に困っている、どう対応したらよいか分からない、そういった悩みを抱える先生方は多いのではないでしょうか。こうした状況への対応が喫緊に求められています。

　わたしたちは、教育現場で苦闘されている先生方が「アンガーマネジメント」を身につけ、ストレスなく子どもたちや同僚、保護者と関わることができるようにと願って本書をまとめました。

　アンガーは「怒り」、マネジメントは「上手に付き合うこと」です。子どもたちは怒りに満ちて数々の暴力行為を繰り返しますが、それに反応して先生が怒ってしまうことで問題は複雑になります。そのために、子どもたちの怒りに巻き込まれないよう教師自身が自分の怒りをマネジメントできることが必要なのです。

　アンガーマネジメントは1970年代アメリカで開発された心理教育プログラムです。わたしたちは暴力行為が多発する日本の教育現場において最も必要とされるのがこのアンガーマネジメントであると考えています。アンガーマネジメントを身につけた先生と接することで、子どもたちの怒りも減っていくと期待しています。

　本書は多忙な先生方がすぐ実践できるように、イラストを多用した見開きで事例を紹介し、その解決策を提案しました。ご自分の経験と合わせて読んでいただくことでトレーニングブックとして活用することができます。

　本書は3つの章で構成されています。

　第1章「アンガーマネジメントの考え方」では怒りのしくみについて解説しています。アンガーマネジメントの目的は怒らない人になることではありません。怒りのしくみを

知り、具体的なアンガーマネジメントの考え方を学ぶ内容になっています。

　第2章「ケーススタディ　アンガーマネジメントテクニック」では、怒りの事例を対「子ども」「同僚」「保護者」の3つに分けて、アンガーマネジメントテクニックを使った対処法を紹介しています。「自分はこういう対処の傾向がある」と気づきを得ることで、怒りの対処法を自然に身につけられるように工夫しています。

　第3章「アンガーマネジメントを実践した先生のエピソード」では、アンガーマネジメント講座を受講した小学校の先生方の報告をまとめました。「子ども」「同僚」「保護者」との関わり方の変化を具体的なエピソードを交えて知ることができます。

　また、コラムでは、アンガーマネジメントを実践している小学校や講義を行っている大学の事例等を取り上げ、それぞれの教育現場でアンガーマネジメントの輪が広がっていることを報告しています。これらの情報も今後の実践に役立てていただければ幸いです。

　怒りの連鎖を断ち切ろう。
　日本中の先生方が怒りに振り回されることなく、子どもたちと充実した毎日を送ることができるよう心から願っています。

　　　　　　　　　　　　　　　　　　　アンガーマネジメントファシリテーター
　　　　　　　　　　　　　　　　　　　川上陽子、斎藤美華、三浦和美

＊文部科学省「平成26年度問題行動調査」（2015／9／16発表）

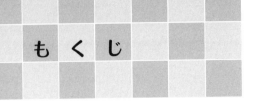

はじめに 2

〈アンガーマネジメント診断をしよう〉 8

第1章
アンガーマネジメント13のポイント

① 歴史と背景　12

② アンガーマネジメントの目的　12

③ 怒りとは　12

④ 怒ることはダメなこと？　14

⑤ 問題となる4つの怒り　14

⑥ 怒りの感情の仕組み　16

⑦ アンガーマネジメントの3つの暗号　17

⑧ 衝動のコントロール　18

⑨ 怒りを表現してみよう　20

⑩ 私たちを怒らせるものは何か　21

⑪ 思考のコントロール　22

⑫ 行動のコントロール　25

⑬ 怒りの性質　28

コラム1 ■小学校でのアンガーマネジメント実践事例　31

第2章
アンガーマネジメント28のケーススタディ

◉子どもへのイラッ

① 自分の第一印象で嫌なことを言われた　34

② 授業がはじまっても騒がしい子ども　36

③ 注意したときに反抗的な態度を取る子ども　38

④ 毎日宿題をやってこない子ども　40

⑤ 何度注意しても同じ過ちを繰り返す子ども　42

⑥ 給食が少ないと当番に文句を言う子ども　44

⑦ グループ活動の時に机を離す子どもたち　46

⑧ 特定の子どもを遊びに入れない子どもたち　48

⑨ いじめかどうかわからず悩む　50

⑩ 名前や容姿のことでからかう子どもたち　52

◉同僚へのイラッ

⑪ 喜怒哀楽が激しい同僚にペースを乱される　54

⑫ プライベートをしつこく詮索してくる同僚　56

⑬ 子どもや親の悪口を言う同僚　58

⑭ 前年度の引き継ぎをしない前任者　60

⑮ 授業の準備が間に合わない自分　62

⑯ 校務分掌に不公平感をいだく　64

⑰ 上司の指摘が細かすぎる　66

⑱ 上司の言動にイラつく　68

⑲ 同僚の悪口を言いふらす主任　70

⑳ 気分で方針をコロコロ変える主任　72

◨保護者へのイラッ

㉑ 自分を批判する保護者　74

㉒ 役員を押し付け合う保護者　76

㉓ ルールを無視する保護者　78

㉔ 連絡事項も無視するルーズな保護者　80

㉕ 過保護すぎる保護者　82

㉖ 脅し文句を使う保護者　84

㉗ 近隣住民からのクレーム電話に困惑　86

㉘ 職場体験先からの苦情　88

コラム２ ■家庭でアンガーマネジメント　90

第２章で使ったアンガーマネジメントテクニック　92

第３章
アンガーマネジメント体験講座

① 小学校教師のためのアンガーマネジメント講座　94

②「べきのすり合わせ」ワークの実践　96

③ 関わりの変化　101

◨対子ども

クラスが騒がしくて怒鳴っていたA先生　102

授業に遅れてくる子どもたちにイライラしたB先生　103

子ども同士のトラブルに敏感になっていたC先生　104

衝動的に怒ってしまう子に困っていたD先生　105

子どもの怒りに同調していたE先生　106

イラッとするとすぐにきつい言葉を言ってしまうF先生　107

対応に余裕がもてたG先生　108

　　怒りからのストレスをためているH先生　109

■対同僚

　　イライラする人に嫌悪感をいだいたI先生　110

　　学年主任との考えが合わないと感じたJ先生　111

　　あいさつ、返事をしない後輩にイライラしていたK先生　112

　　特別支援学級の指導計画を理解してもらえなかったL先生　113

　　仕事ができない同世代の教師にイライラしたM先生　114

　　細かいことを言う教師を避けていたN先生　115

　　やることが多すぎてストレスになっているO先生　116

　　上司に言いたいことを言えずストレスになっているP先生　117

■対保護者

　　保護者のわがままにイライラするQ先生　118

　　保護者の物言いにカチンとくるR先生　119

　　保護者の相談に乗るS先生　120

　　保護者対応が楽になったT先生　121

コラム3 ■ 保護者向けのアンガーマネジメント講座　122

コラム4 ■ 大学教職課程におけるアンガーマネジメントの実践事例　123

資料　小学校教師のためのアンガーマネジメント体験講座　124

子どもたちの教育に携わる皆様へ　130

参考文献　132

〈アンガーマネジメント診断をしよう〉

　怒り方には人それぞれ「クセ」があります。まず、自分の怒りのパターンとクセを簡易診断してみましょう。12の質問に答えた合計点で6つの怒りタイプが分かります。あなたはどのタイプに当てはまりましたか？

アンガーマネジメント診断

下の①～⑫の質問について、当てはまるものに○をつけます。その点数を下の計算式に入れ、それぞれの合計点を出してください。合計点の一番高いものがあなたの怒りのタイプ。同じ点数のものが2つ以上あった場合は、それらの性質が合わさったものがあなたの怒りのタイプです。

	質問	すごくそう思う	そう思う	どちらかというとそう思う	どちらかというとそう思わない	そう思わない	まったくそう思わない
		6点	5点	4点	3点	2点	1点
①	世の中には尊重すべき規律があり、人はそれに従うべきだ						
②	物事は納得いくまで突き詰めたい						
③	自分に自信があるほうだ						
④	人の気持ちを誤解することがよくある						
⑤	なかなか解消できない強いコンプレックスがある						
⑥	リーダー的な役割が自分に合っていると思う						
⑦	たとえ小さな不正でも見逃されるべきではない						
⑧	好き嫌いがはっきりしているほうだ						
⑨	自分はもっと評価されていいと思う						
⑩	自分で決めたルールを大事にしている						
⑪	人の言うことをそのまま素直に聞くのが苦手だ						
⑫	言いたいことはハッキリと主張すべきだ						

あなたの合計点 一番高いものはどれ？

① ___点 ＋ ⑦ ___点 ＝ 合計 ___点 ➡ **タイプA** 熱血先生タイプ
② ___点 ＋ ⑧ ___点 ＝ 合計 ___点 ➡ **タイプB** 白黒先生タイプ
③ ___点 ＋ ⑨ ___点 ＝ 合計 ___点 ➡ **タイプC** 俺様先生タイプ
④ ___点 ＋ ⑩ ___点 ＝ 合計 ___点 ➡ **タイプD** 頑固先生タイプ
⑤ ___点 ＋ ⑪ ___点 ＝ 合計 ___点 ➡ **タイプE** 慎重先生タイプ
⑥ ___点 ＋ ⑫ ___点 ＝ 合計 ___点 ➡ **タイプF** 自由先生タイプ

怒りの傾向と対策

タイプA 熱血先生タイプ

- マナーを守らない子どもや保護者に過度にイライラしてしまう。
- 不正は許せない！

【傾向】自分が正しいと思うことや正義を重んじるタイプ。人間関係がぎくしゃくすることも。
【対策】正しさにこだわりすぎないようにすること。マナー違反やルール違反があっても適度に目をつむることも大切。

タイプB 白黒先生タイプ

- 優柔不断ではっきりしない子どもや同僚が許せない。
- 失敗するとイライラ。

【傾向】どんなことにもベストを尽くすタイプ。一方で物事に白黒つけたがり、あいまいなことが嫌い。
【対策】何でも白黒つけずにグレーにしておくおおらかさをもつ。できないことがあっても自分も他人も許すようにしましょう。

タイプC 俺様先生タイプ

- 物事が思い通りに進まないとイライラしてしまう。
- 周囲から批判されると傷つく。

【傾向】自分に自信があり、リーダーとして力がある一方で、周囲に大切にされないと傷つくタイプ。
【対策】自信過剰は周囲から敬遠される。謙虚な姿勢を忘れずに。自分への意見を批判と捉えないようにしましょう。

タイプD 頑固先生タイプ

- 自分のルールに反することが起きるとイラッ。
- 考えすぎるとキレる。

【傾向】温厚そうに見えるが、一度決めたことは譲らない。一方で、心配性の面もある。情報集めに余念がない。
【対策】自分のルールに執着しない。情報に触れる時間を減らすようにしましょう。

タイプE 慎重先生タイプ

- 周りの人にレッテルを貼り、誤解を生みやすい。
- 人を信じるのが苦手。

【傾向】自分で考えて判断しようとする慎重派タイプ。子どもや保護者との付き合い方が苦手。
【対策】すぐに決めつけずに、じっくり周りの人を観察し理解すること。自分の長所に目を向け、人と比べないように。

タイプF 自由先生タイプ

- 後先考えずに行動し、トラブルを起こしがち。
- 空気を読むのが苦手。

【傾向】統率力があり、自分の思いや考えを素直に表現できる。行動力もあるが、強引すぎるところがあり、わがままと思われがち。
【対策】勢いで行動せず、周りの人の意見を聞く。人の表情や声のトーンを観察し、合わせた行動を。

第 **1** 章

アンガーマネジメント 13のポイント

アンガーは「イライラ、怒りの感情」、マネジメントは「上手に付き合う」。アンガーマネジメントとは、怒りやイライラの感情に上手に付き合うための心理教育プログラムです。

❶
衝動のコントロール

❷
思考のコントロール

❸
行動のコントロール

① 歴史と背景

アンガーマネジメントは、1970年代に感情コントロールスキルとしてアメリカで生まれました。はじめは、DVやマイノリティ教育の暴力防止トレーニングとして広まりましたが、現在では教育、スポーツ、司法、パワハラ防止教育など様々な分野で取り入れられています。日本でも、4～5歳くらいから可能な「感情理解教育」推奨プログラムとして文科省が紹介しています。

認知心理学の考え方をベースとしており、「怒り」について学んで練習を積み重ねることで、感情とうまく付き合えるようにする心理トレーニング方法の1つです。

② アンガーマネジメントの目的

アンガーマネジメントは、怒らないことを目指すのではなく、**怒ることと怒らないことを区別する**ことを目的としています。怒って後悔する時は、怒る必要がなかったことなのかもしれません。逆に、怒らないことを後悔する時は、怒った方がよかったのかもしれません。

区別するポイントは、後悔するかどうかです。怒ることはダメなことではありませんが、怒ることと怒らないことの線引きが大事なのです。

③ 怒りとは

❶ 怒りは自然な感情

怒りは誰でも持っている自然な感情の一つです。怒りの感情がない人もいませんし、なくすこともできません。怒るべき時には怒ってもいいのです。逆に怒る必要のない時には、怒らなくてもいいのです。

穏やかな人というのは、怒りを強く表現しないだけで、怒りの感情を感じていないというわけではありません。

怒りは誰にでもあるもの。悪い感情としてではなく、**不快な感情であると捉えてみ**

ましょう。我慢や無理をして怒りを押さえつけることなく、トレーニングをしながら怒りと上手に付き合うことが目標です。

❷ 怒りはコントロールできる（考え方の癖と行動）

怒る時には、必ず理由があります。人それぞれ物事の捉え方が違うように、怒る理由も人それぞれです。会社の不祥事を見て憤る人もいれば、交通ルールを守らない人に対して激怒する人もいます。順番待ちをしているのに抜かされたと言って激高している人をレストランで見て、不快な気持ちになることもあります。

子どもたちや保護者、同僚との関わりの中で、自分が怒る時はどんなパターンがあるか、冷静に振り返ってみましょう。いつもイライラしている人は、何に対してイラッとすることが多いのでしょう。また、怒りっぽい人は、怒っている時にどんな行動を取っているでしょう。強い口調になったり、怒鳴ったり、物に当たったり攻撃的な行動を取っている人もいるかもしれません。

怒りの感情はある日突然降って湧いてくるものではなく、**自分がつくり出しているものです。** ですから、**自分でコントロールできるもの**なのです。怒りが発生するメカニズムを知って、対処のポイントを理解すれば、怒りの感情に振り回されることなく、落ち着いて対処ができます。

❸ 身を守るための感情

怒りの感情は、本来は身を守るためのものと言われています。動物は敵が自分の縄張りに侵入してきたら、威嚇（いかく）したり、追い払ったり、牙をむいたりします。目の前に現れた相手によって、戦うのか、逃げるのか、判断に応じた行動を起こすために体が準備している状態です。

怒った時の自分の体の状態に注意してみてください。怒ると心臓の鼓動が早まり、顔が赤くなって、肩に力が入って、手に汗をかいていることに気づきます。人によっては頭が痛くなったり、疲労感を覚えたりすることでしょう。身を守るために体の機能を総動員して、戦闘態勢の準備をしているのです。怒りは生き延びるために必要な感情だったのです。

④ 怒ることはダメなこと？

❶ 怒ることのイメージ

　怒りはネガティブな感情の一つです。「人前で怒ることは恥ずかしいことだ」という先入観から、怒りを必要以上に抑えてしまっている人もいます。一方で、怒りに任せて衝動的な行動を取って後悔することが頻繁にある人もいます。怒ったことに対する罪悪感を感じる人もいるでしょう。

　喜びや楽しみは「快感情」、怒りや悲しみは「不快な感情」であると捉えてみましょう。感情を感じることは自然なことなので、善悪で評価できません。

　怒りの感情自体は悪いものではありませんが、怒りに任せて暴力的な言動をしてしまうと、相手を傷つけたり信用を失くしてしまうことにつながります。また、怒りの表情は、他人の印象に残りやすいので、あの人は「怒りっぽい人だ」というマイナスのイメージにつながります。

❷ 教育、しつけとしての怒り

　私たちが怒りの感情をうまく表現できないのは、怒りについて学んだことがなかったからです。また、怒り方は子どもの頃からの、親、先生、身近な大人の振る舞いを見て真似をして身についていきます。特に先生は、子どもにとって、学校という公共の場でどう怒りに対処するのか、「怒りの見本」になります。怒りについて、**発生のメカニズムや怒りの対処法について知識を得る**ことで、うまく自分のイライラに付き合っていきましょう。

⑤ 問題となる４つの怒り

　怒りは自然な感情とはいっても、社会生活を送るうえで問題となってしまう怒りがあります。代表的なものを４つ挙げます。

❶ 頻度が高い

しょっちゅうイライラしている人、カチンとくることが多い人は怒りの「頻度が高い」と言えます。怒りは周りの人に伝染しやすいという特性があります。頻度が高い人は家族や同僚などの周りの人たちにイライラを撒き散らしているかもしれません。

❷ 強度が高い

強度が高いとは、強く怒りすぎているということです。また、一度怒ったら止まらなくなって、相手が謝っても、自分の気がすむまで感情をぶつける方も強度が強いと言えます。強い怒りの感情に振り回されてしまうので、疲れてしまいます。

❸ 持続する

怒りが持続するとは、過去にあったことを思い出して引きずったり根に持ったりすることです。怒りの感情にとらわれたまま、過去の出来事や未来を考えると、不要な怒りを再燃させて建設的な考え方ができなくなってしまいます。

思い出し怒りをするたびに、怒りの感情が膨らみ、怒りがもっと強い感情に変化してしまうことがあります。

怒りが成長すると、恨み、憎しみ、怨恨、憎悪などといった非常に強い感情に変わってしまいます。恨みの感情に変化すると、相手を罰しないと気がすまなくなります。最初はちょっとしたイライラだったはずが、持続するうちに何が原因だったのか本人でも気づかないくらいに複雑に凝り固まってしまいます。**恨みに変わる前に小さい怒りのうちに対処**できれば理想的です。

❹ 攻撃性がある

誰かを責める、自分を責める、モノに当たるなど、怒りの矛先を何に向けるかということです。攻撃性が他人に向かえば、人間関係を壊してしまう原因になります。自分に攻撃性が向く場合、自分を責めてしまって必要以上に落ち込んでしまいます。後悔、罪悪感の感情を持つことで、自分を攻撃してしまうのです。ものに当たるとその時はスッキリするかもしれませんが、根本的な解決にはなりません。壊れたものを見て、より

深く落ち込むことでしょう。

⑥ 怒りの感情の仕組み

心は手に取って見ることができません。怒りの感情を知ってはいるけど、どう対処したらいいのか、目に見えないだけに取り扱いが難しいと感じてしまう問題をかかえています。

怒りには発生するメカニズムがあります。怒りの構造を知り、怒りが生まれるイメージを持つことで、コントロールがしやすくなります。

❶ 心のコップ

自分の心の中に感情がたまるコップがあるとイメージしてください。心のコップの中には、朝起きてから夜寝るまで、様々な感情が注ぎ込まれていきます。

嬉しい、楽しい、面白い、などのポジティブな感情もあれば、つらい、悲しい、痛い、寂しい、不安、疲れた、いやだ、寂しい、虚しいなどのネガティブな感情もあるでしょう。

このようなコップにたまっていく感情を「第一次感情」といいます。とても疲れた時など、ある大きな出来事があると、コップがすぐいっぱいになって、感情が溢れ出てしまいます。コップの外側に漏れ出した感情が怒りの感情です。

❷ 怒りは第二次感情

心のコップに余裕がないと、ちょっとのことでもイライラしやすくなります。ネガティブな第一次感情はコップの奥底にたまりやすいもの。イライラしがちな時には、心の

コップの中をのぞいてみてください。どのくらいたまっているでしょうか。また、どんな感情がたまっているでしょうか。

感情は目に見えませんが、第一次感情が積もり積もって満タンになってくると、何かあったわけではないのにとにかくイライラするなど、**何らかのサインが表れます**。そして、ある拍子に「怒り」という第二次感情となって溢れ出します。

怒ることは悪いことではありませんが、心のコップを意識することで、自分の心に冷静に向き合うことができます。コップの中にたまっている感情は、本来相手に言いたかった気持ちなのかもしれません。

イライラして怒っている同僚、子ども、保護者などの心のコップの中には、「こんなことをされて悔しい」「仕事がたまって焦っている」「何回も同じことを言わされて悲しい」「こんなことができない自分が恥ずかしい」など、怒る前に**本当は言いたかった感情**があるはずです。「本当は、悲しかったんだよね」などと、**相手の第一次感情に気づいて触れてあげることで、相手のイライラした態度が軟化する**ことも少なくありません。

怒りは第二次感情であることを思い出して、本当に言いたかったのはどんな感情なのか、いったん冷静になって気づくことが大切です。

⑦ アンガーマネジメントの3つの暗号

アンガーマネジメントを理解する上で、ポイントが3つあります。1つは**「衝動のコントロール」**（⑧参照）、2つ目は**「思考のコントロール」**（⑪参照）3つ目に**「行動のコントロール」**（⑫参照）です。この3つを組み合わせて、自分に合った方法で怒りに対処していきます。

❶ 衝動のコントロール　❷ 思考のコントロール　❸ 行動のコントロール

⑧ 衝動のコントロール

　怒りを感じた最初のイラッとした段階で対処をすると、取り返しのつかない行動を防ぐことができます。対処しないまま怒りがどんどん膨れ上がると、自分でも思いもかけない衝動的な行動を取るときがあります。

　強い怒りに振り回されている時は、冷静な判断力が低下します。感情のままに思いを吐き出している時は少しはすっきりするかもしれませんが、感情のふり幅が大きいほど、気持ちの落ち込みの振り幅も大きくなります。「あんなこと言わなければよかった……」などと後悔したことはありませんか？

　後悔するような行動を防ぐために、イラッとしたときに心を落ち着かせる方法をアンガーマネジメントテクニックとして第2章で紹介します。

❶ 6秒待つルール

　衝動のコントロールでは「6秒」を意識します。怒りの感情はイラっとしてから6秒間がピークでそこからだんだん小さくなっていきます。6秒の間に反射的に反応すると、「売りことばに買いことば」のようなトラブルにつながる言動を取りがちです。このような反射の行動を防ぐために、**6秒をなんとかやり過ごす**ことで、怒りに任せた反射的な行動を未然に防ぐことができるのです。

　怒りが爆発したその瞬間はスッキリするかもしれませんが、「あんなこと言わなければよかった」と、後から悩んでも元に戻せません。過去の出来事は変えられないので、やってしまったことを後悔するより、これからは、**常に6秒を意識して反射の行動を防ぎましょう**。

❷ 意識の方向を変える

　イライラしている時は、体も熱くなって頭に血が上っている状態です。アンガーマネジメントのテクニックは、ヒートアップしている頭の中を、いったん冷静にする目的で行います。

　怒りの対象から**強制的に意識をそらしてみましょう**。例えば、自分が落ち着くよう

な言葉を自分にかける方法があります。**「魔法の呪文」**といいます。人に優しい言葉をかけてもらうと、気持ちが落ち着きます。自分でイラッとして怒りそうな前兆を感じた時に、「たいしたことない」「大丈夫、大丈夫」「今、何ができるだろう」や「私にできることは何？」などと自分の心の中でつぶやいてみましょう。

　落ち着くための「魔法の呪文」は、普段から用意しておくことが必要です。自分なりの落ち着く言葉を自分自身にかけることは、6秒間をやり過ごすのに有効です。もし、授業中イラッとして頭に血が上る時があったら、心の中で自分に声かけをして落ち着いてから、子どもたちに向き合ってみましょう。

❸ 怒りの尺度を持つ

　怒りの強さを**10段階で測ってみましょう**。0が穏やかな状態、10が人生最大の怒りと10段階の尺度です。怒りの感情をコントロールできない理由の1つに、怒りの尺度を持ったことがないことが挙げられます。例えば、天気予報で予想最高、最低気温があります。前日と比べて気温が低くなりますと予報を聞いたら、それなりに多く服を着るなど対策が取れます。比較することで目に見えない気温を相対的に理解して対処することができます。

　同じように、怒りの感情について、今のこの怒りは、前のあの怒りと比べてどのくらい強い、もしくは弱いかなと、相対的に怒りの強さを比較してみます。基準がわからないと、強く怒りすぎたり、逆に怒らずにいたりしてしまいます。自分がどのくらい怒っているかを数字として考えることで、客観的に怒りを捉えることができます。図のような温度計をイメージしてください。

　怒りの温度をつけていくうちに、自分なりの基準ができることでしょう。感情なので、絶対値はありません。

　あの時が5点の怒りだったら、今回の怒りは4点かな？　そこまではないかな？とだんだん点数が下がっていくと思います。

逆に、これは、自分の今までの怒りの中でも許せない8レベルの怒りだと感じたら、怒りの表現方法を考えて相手に冷静に伝えるにはどうすればいいかと、建設的に考えるきっかけにすればいいのです。怒りの温度は6秒のルールとともに、イラッとした時に意識してみてください。

⑨　怒りを表現してみよう

❶ スケールに応じた表現を身につけよう

怒りを表現する言葉をいくつ挙げることができますか？　2分くらいでたくさん挙げてみてください。「こら！」や「もう！」など、怒る時に言う言葉は外します。

意外に思いつかない方が多いのではないでしょうか。

「激怒、憤怒、激高、癇癪、立腹、反感……」などの熟語から、「ふくれる、むくれる、つむじを曲げる、気に障る、激する、語気を荒げる、腹の虫が収まらない、がなり立てる、烈火のごとくに、腹わたが煮えくり返る……」などの怒りの言動を表す言葉があります。

怒りはこのように**幅の広い感情**なのです。怒りっぽい人は、ONかOFFかといった両極端な傾向があります。「ムカつく」か、「ムカつかないか」の2択ではなく、レベルに応じた表現の仕方があることを知ってほしいのです。怒りのスケールで、9に相当するのは、「激高する」でしょうか。1に相当するのは、「むっとする」でしょうか。それぞれのレベルに応じた怒りの表現を持つことで、**自分の尺度がわかり相手に上手に伝える**ことができます。

ちなみに、「キレる」の語源は「堪忍袋の緒が切れる」だとする説があります。我慢を重ねてどうにもならなくなって怒りが爆発することが「堪忍袋の緒が切れる」状態です。そもそも「堪忍」とは怒らずに我慢すること。「勘忍袋」とは我慢できる心の広さを袋に例えたもの、「緒」はその口を縛っているひものことです。我慢を重ねていくと勘忍袋がぱんぱんに膨らみ、そのひもが切れて一気に中身が飛び出すイメージでしょうか。

通常、怒りが爆発することを「キレる」と表現します。突然キレる人の勘忍袋は小

さいのか、それともずーっと我慢し続けていよいよひもが切れてしまったのか、いずれにしても限界を迎えた状態であることには変わりません。

⑩ 私たちを怒らせるものは何か

❶ 人それぞれ違う「べき」

私たちは、結局のところ、何が原因で怒っているのでしょう。

家族の誰かでしょうか。職場の出来事でしょうか。使っているパソコンの性能のせいでしょうか。目の前を走っていた車のせいでしょうか。

「○○するべき」「××はこうあるべき」などの「べき」が皆さんの中にあると思います。「べき」とは、自分の理想や、自分の願望、自分の欲求を表す言葉です。人それぞれの価値観とも言えます。一見するととても正しいように思える「べき」なのですが、これが怒る理由になっているのです。「学校はこうあるべき」「先生はこうあるべき」「親はこうあるべき」「ルールはこうあるべき」様々な「べき」があります。**べきは自分の信条や、当たり前だと信じていること**です。信じている本人にとっては、どれも正解です。しかし、自分の「べき」にこだわりすぎると怒りを生むもとになってしまうのです。

とりわけ教師のみなさんはこんなことがないでしょうか？

同僚と学級運営の方針の違いから、関係がギクシャクしてしまう──同じ教師でも「べき」の違いがあってもおかしくありません。教師であれば「学級運営はこうあるべき」という信念があります。どちらにとっても正しい「べき」なので、普段は疑うことはありませんが、**ギクシャクする原因にこの「べき」が関係している**ケースがあります。

❷「べき」が裏切られる時

私たちが怒る時は「べき」と目の前の現実とのギャップが生まれた時です。

自分が信じている「○○はこうあるべき」「○○するべき（はず）」が、裏切られた時に怒りを感じるのです。「挨拶は自分からするべきだ」と考える人にとっては、相手から挨拶されないとイラッとするでしょう。「順番待ちでは整列をするべきだ」と強く思っている人は、順番抜かしをされたりきちんと並んでいなかったりするとイライラします。

「べき」はひとそれぞれ違います。

　あなたが怒った場面では、どのような「べき」があったでしょうか。怒りっぽい人は、自分の「べき」が最優先になるので、周りが受け入れてくれないとイライラしがちになります。自分の「べき」にはどんなものがあるのか、家庭や異なる職種の人と、「べき」の違いを比較してみると意外な発見があるかもしれません。

❸ 自分の感情の理解と行動の癖（診断について）

　ひとによってそれぞれ違う「べき」。これが、周りの人との関わりの中で、行き違いなど怒りを生むもととなっているのです。しかし、気をつけたいことは、「べき」は、本人にとってはどれも正解であることです。また、「べき」は人によって、許容範囲が異なります。「時間は守るべき」は一般的には常識とされていることですが、5分遅れでも許せない人もいれば、15分遅れでも許せる人もいます。**同じ「べき」でも人によって許せる範囲も違います。**

　自分の怒りはどのような傾向があるか、また、どんな行動を取りがちでしょうか。

　怒りの根本原因は、自分のどんな「べき」なのか、それによって、どのような行動を起こしているかについて、自分ではなかなか気づきにくいことです。8、9ページにある「アンガーマネジメント診断」では、自分が一番大切にしている価値観（べき）がわかります。6つの大きな価値観で分けていますので、まずは自分で診断してみてください。周りの方と一緒に試してみると、お互いに当てはまることや気づきがたくさんあると思います。

⑪　思考のコントロール

　私たちは今まで生きてきた経験から、重要だと思う事柄、いろいろな考え方、世間の常識などから自分なりの価値観を構築してきました。「○○はこうあるべき」などの価値観は、様々な経験をして個人がそれぞれ作り上げてきたものなので、大切にするべきです。しかし、この価値観が怒りの問題を考える時に、大事なキーワードになってきます。

❶ 怒りの程度と境界線

弓の的のような三重丸をイメージしてください。真ん中の丸の中が、「①自分と同じべき」が入るとします。中央から次の丸の中には、「②自分と少し違うが許容範囲のべき」が、最後の3番目の丸の中には、「③自分と違う許容できないべき」が入ります。

■「べき」の三重丸

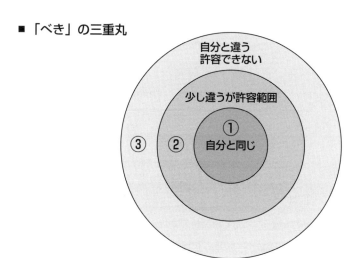

先ほどの時間の例で考えてみましょう。

「時間は守るべき」というのは、世間一般でいう常識とも言えます。しかし、「守る時間」には人によって許容範囲が異なります。

例えば、待ち合わせ時間の15分前に来るべきと思っている人にとっては、待ち合わせ時間ちょうどに来る人は、③の「自分と違う許容できないべき」の人に思えるかもしれません。同じ、「時間を守る」でも、程度が違うのです。この程度の差は、他人と比較するとわかりますが普段は比べる機会がありません。「常識」とか「当たり前」と各々が心の中で思っている価値観だからです。

③の「自分と違う許容できないべき」について、例えば、子どもが教室に入る時間が1分でも遅れたら怒る教師もいれば、1分くらいは目をつぶる教師もいるかもしれません。

このように、価値観には程度の差が大きいものです。自分の中で確固たる「べき」があり、それと現実とのギャップが大きくて自分の怒りに振り回されている場合は、**強すぎる「べき」を緩める必要がある**かもしれません。
　①の的の真ん中に入る「べき」を変える必要はありませんが、②の「自分とは少し違うが許容範囲のべき」の外側の線を少しでも広げてみることを意識してみましょう。「時間通りにいかないこともある」と、**許容範囲を広げることでイライラすることは少なくなるでしょう**。思い通りにならなくてイライラすることが多い場合には、②の境界線を広げて視点を広く持つことが必要です。
　そうはいっても、「べき」の範囲を広げることは相手に負けたような気がするし、道徳的に許せない時もあると思う方もいるかもしれません。
　自分のコアとなる①は譲らなくてかまいません。ここでは、他人に対してより寛容になることを目指すにはどうしたらよいのかが問題です。②を広げることによって、自分ではどうにもならない事実を受け入れた上で譲れるところは譲り、最大限許せる範囲を広げていきます。次第に、些細なことが気にならなくなっていくでしょう。むずかしく感じる方は、**「せめて」をキーワード**に考えてみてください。「せめてここまでは許せる」と柔軟な思考を持つことで、結果として自分の心が楽になると思います。

❷ 境界線をはっきりさせること

　境界線を広げることは、強すぎる「べき」やしがみついている価値観が原因で自分を苦しめている場合には、有効なことです。
　しかし子どもを指導する上では、自分の価値観をしっかり持つ必要もあります。何がダメなことで、それはなぜかという理由まで明確にしておくべきです。自分の価値観に照らし合わせて、どこからどこまでが許容範囲なのか、まずは、見極める必要があります。
　自分のイライラする境界線がわかったら、それを**自分の機嫌でコロコロ変えない**ことが次の段階です。「今日は、先生の機嫌がいいから時間に遅れてもいいです」では、教師の機嫌が基準になってしまうので、教師の顔色を伺って行動することを教えているようなものです。
　また、「この子はふだんからしっかりしている子だから許すけど、あの子はいつも問

題を起こすからダメ」など、**相手によって変えることもNG**です。機嫌や相手によってブレないように**自分の価値観の境界線をしっかり安定させる**ことを意識してみましょう。

❸ 周りとのコミュニケーションを取る

価値観の許容範囲を広げて、安定させる、その次の段階は、知らせることです。

ここまでは許せる、ここからは許せないなどの「べきの境界線」は自分の中にあるもの。他人には分かりません。どうして察してくれないの？　こんなことは当たり前だよね！　と憤る場合には、相手と自分のべきの程度がかなり異なっていることが考えられます。

自分の許容範囲はここまで、ここから先は怒りますと相手と怒ることの境界線を共有することで、一人で憤ることは少なくなるはずです。また、周りの人も、なぜこの人が怒るのか理由が分かるので、余計な気遣いをしなくてすみます。相手の行動にイライラする場合には、自分の「べき」の許容範囲を相手に伝えることを考えてみてください。自分も周りも不毛なイライラの連鎖から抜け出せる解決策になるかもしれません。

そのためには、日頃から**お互いの「べき」の優先順位を伝え合う**ことが必要です。「べき」の優先順位をつける「べきのすり合わせ」（詳しいやり方は96ページを参照）を教室や職員室でゲームとしてやってみてください。

⑫ 行動のコントロール

アンガーマネジメントは認知心理学がベースになっています。自分の行動は自分で選択していると考え、怒りやイライラについて、自分でどう表現するか、どう思考するのかは自分次第。セルフコントロールできることを目指します。衝動のコントロールである「6秒」、思考のコントロールである「べきの境界線」と一緒に、行動のコントロールを組み合わせてイライラに対処していきましょう。

■行動のコントロール「思い込みの分かれ道」

変えられる コントロール可能	変えられない コントロール不可能
重要	重要
重要でない	重要でない

❶ 思い込みと事実を分ける

　怒る原因は自分の「べき」と現実とのギャップがあるときです。しかし、生きていくうえでイライラすることはこれからも必ず出てきます。自分の「べき」を緩める以外で怒りをコントロールするには、何があるでしょうか。

　アンガーマネジメントに関する相談を見てみると、**「思い込みと事実」**を混同して話す人が多いことに気づきます。例えば、「〇〇さんは、こう思ってるに違いない。そのことについて不本意で怒りが込み上げる」との相談がありました。ここで、事実と思い込みを分けてみると、「自分が怒っている」については、紛れもない事実ですが、〇〇さんが本当に考えていることは、本人に確認しない限り分かりません。もしかしたら、なんとも思っていないかもしれません。自分がイライラしている原因は「相手はこうに違いないと自分の思っている」──すなわち推測の「べき」です。相手の考えを態度、表情、場面の経緯、昔の出来事から総合して「そうに違いない」と推測して、それについて思い込みで憤っていることになります。

　怒りの問題を考える時には、出来事の事実と自分の思い込みを分けて、何が問題に

なっているのかを冷静に見極めた上で、怒りの感情を生み出した場面と今後の行動について考慮する必要があります。

❷ コントロールできるかを判断する

怒ることと怒らないことの線引きはどうすればいいでしょうか。「後悔するかどうか」を基準にして、考えてみましょう。怒って後悔することであれば、怒らない表現の仕方を考えればよかったのかもしれません。逆に、怒らなくて後悔する時は、怒ることをうまく表現して、相手に「こうしてほしかった」と話す機会を持った方がよいこともあります。

例えば、「子どもの片付けについて」は、先生方も保護者から相談を受けたことがあると思います。このことについて、自分がコントロールできる問題か、コントロールできない問題なのか、判別してみましょう。乳児など、まだ片付けするものの区別ができない場合を除き、片付けはしつけの1つとして親が子どもに教えていくべきだと考えます。**親の役割**として、片付ける場所や、入れ物などを整備して、一緒に片付けしながらやり方を教える、といった行動が選択できます。もし、片付けの方法を教えなかったら、子どもがやり方を知らずに育ってしまうので保護者として後悔することになります。

このように、**コントロールできることか、できないことか区別する**ことで、子どもが片付けができない状況を変えることはできます。

一方で、道路の渋滞などは、車の台数を減らしたり、道路を作ったりすることは個人の力では無理なので、状況を変えることはできません。

「自分が状況を変える」ことができるかできないかがポイントです。

❸ 優先順位をつける

自分が状況をコントロールできるかどうかで問題を区別しました。次の段階は、それが**重要か、重要でないか**を判断します。

変えられると判断して、それが重要な問題であれば、どう変えればいいのでしょうか。具体的で現実的な方法を考えてみましょう。

変えられると思うことは、いつ、どうやって、どの程度変えられるかを明確にしてみましょう。具体的に考えることによって前向きな努力もできるし、適切な方法も考える

ことができます。

　アンガーマネジメントは、解決志向で自分はどう行動するかを前提に考えます。

　変えられないと思ったことでそれほど重要でないことだったら、そのままを受け入れたうえで、自分ができることを考えましょう。そんなにイライラするまでもないと気づくかもしれません。渋滞がなくなりますようにと祈るのではなく、回避ルートを検索したり、気を紛らわせたりするための音楽を用意するなど、現実的な対処策を考えるほうが建設的です。

　怒りをきっかけにすることで、よりよい方法が見つかる場合が多々あります。問題は、自分の怒りを自分がどう解決するのかです。過去や他人のせいにするのではなく、イラッとした出来事が自分にとって重要であれば、状況を変えるモチベーションにもなります。

⑬　怒りの性質

　怒りには様々な性質があります。怒りと上手に付き合うために、怒りの性質をよく理解しておきましょう。

❶ 上から下へ流れる

　怒りは、**力のある上の立場の人から、力の弱い下の立場の人へと流れる**という性質があります。上司の怒りは部下へ、親の怒りは子どもへ、教師の怒りは子どもへと連鎖します。

　その逆の子どもの怒りについて気づける大人はなかなかいないようです。大人は子どものいろんなことでイラッとしていますが、子どもが今、何に怒っているのかについて事細かに説明できるかといったら、意外に難しいものです。

　教師がイライラしている時は、下の立場である子どもは敏感に察知します。

　怒りの感情は、誰にでもあるもの。アンガーマネジメントを身につけて、教師にとって大事な存在である子どもたちに怒りを連鎖させないようにしたいものです。

❷ 身近な人に強くなる

　家族など、怒りの感情は身近な人に対して強く表れます。他の人だったらとくになんとも思わないことでも、子どもや妻、夫がやると、強く怒りすぎることがないでしょうか。職場の人にイライラする場合は、長い時間を過ごすうちに自分にとって身近な存在になっているかもしれません。

　身近な存在の人は、自分に近い分、コントロールできると思いがちです。変わってくれないと、余計にイライラします。同年代の同僚など身近な存在の人でも、自分とは違う「べき」を持った一人の人間です。お互いの「べき」を共有したり、自分の行動を変えることがイライラを解決する近道です。

❸ 矛先を固定できない

　❷の「身近な人に強くなる」にも関係しますが、怒りは一度持ってしまうと、ついつい身近な人に当たってしまいます。目の前にいる人やたまたま近くにいた人に、「八つ当たり」した経験がある方も多いと思います。逆に、関係のない怒りをぶつけられて理不尽な思いをした人もいるでしょう。怒りは強い感情です。誰かにぶつけないと気がすまないなどの攻撃性を持つ前に対処することが大事です。

❹ 怒りは伝染する

　怒りは、**「情動伝染」と言って周りの人に移りやすい**ものです。イライラしている人がいる職場は、周りの人にイライラが伝染して生産性が大幅にダウンしてしまいます。自分の怒りを移さないようにアンガーマネジメントすることも大切ですが、他人の怒りをもらわないようにすることも、自分の心の平穏を守るためには必要です。

　怒っている原因は人それぞれ。周りの人からイライラをぶつけられないためには、少しの他人行儀が必要なこともあります。同意しすぎず、適度な物理的、心理的な距離感を保つ環境づくりも他人の怒りに巻き込まれない対処策になります。

❺ エネルギーになる

　怒りは負の側面ばかりではありません。3つ目の暗号でも触れたとおり、怒りは、行

動を起こすモチベーションとして素晴らしいエネルギーになります。イラッとしたり、なんかおかしい！　と憤ったりすることで、**問題の克服のための前向きな行動のきっかけ**になります。

　怒るということは、自分の価値観に照らし合わせて、なにか違うと思ったことです。そのままにしておいて解決することもありますが、どうにかしてこの不快な感情を改善しようとしたら、**解決志向**で自分はどう行動すればいいか、行動目標に落とし込むことが必要です。

　アンガーマネジメントは心理トレーニングです。怒る場面の度に、衝動をコントロールし、どう解決していこうかと思考と行動のトレーニングを重ねて下さい。少しずつ進歩していけると思います。アンガーマネジメントはよりよい人間関係を築く上で重要なソーシャルスキルですが、自分の問題解決のトレーニングとしても有効な方法だと考えます。

　今までは、怒りの感情に振り回されて後悔したり、落ち込んだりすることがたくさんあったことと思います。怒りについて学ぶことで、自分の感情に上手に付き合い、時には行動を起こすモチベーションとして怒りのエネルギーをポジティブな方向に使ってください。怒りの責任は自分にあるということを忘れずに、教育現場に生かしてほしいと願っています。

コラム 1

小学校でのアンガーマネジメント実践事例

　2014年から岡山市内の小学校で、ファシリテーターがチームとなってアンガーマネジメントを伝える取り組みを実践しています。初年度は４年生のクラスで教師、保護者向けと子ども向けに行いました。
　２年目は前年授業を受けた５年生に参観授業での継続学習を実施、新たに２年生と３年生のクラスでも子ども向けに実施しました。

　カリキュラム構成は年齢や発達段階に合わせ、次のような工夫をしています。

- クイズやゲームを取り入れ、参加型で飽きさせない
- ポスターやパワーポイント、絵本などを使って視覚に訴える
- 講師役以外のファシリテーターが子どもの中に入り、ゲームなどのサポートをする
- 大切なポイントは授業後も継続的に意識できるようポスターなどで教室に掲示する
- 振り返りシートを作成し定着を図る

　以下は２年生のアンガーマネジメント授業後の子どもたちの感想と１カ月後の担任の感想です。

Yさん　「おこる」ことについていろいろわかりました。
Hくん　さいきん口がわるかったから、べんきょうになった。
Sさん　ゲームでじぶんのこと、みんなのきもちがわかってうれしかったです。
Aさん　おこることもおこらないこともどっちもいいことだとしった。
Gくん　おこってもいいけど、あんまりおこらなかったら「人をきずつけないことができる」ということを知りました。

担任 T 先生

　トラブルがあり、子どもが怒って私のところに「こんなことがあった！」と伝えに来たとき、教室に掲示している三重丸の図を見せながら、こういう時に『まあ、いっか』って思えると楽になるよ」と言っています。すぐには気持ちを転換できない場面もありますが、頭にはきっと入っていて、じょじょに使えるようになるのかなと思います。

　学活の時間に、具体的な出来事を取り上げて、三重丸ゲームで話し合ったり、保護者とも三重丸を使って懇談をしたりと、学校と家庭で連携しながら子どもたちのよりよい心を育てていきたいと思っています。私自身も大変勉強になりました。今後の学級経営にしっかりと活かしていきたいと思います。

　アンガーマネジメントはトレーニングを繰り返すことで身につきます。学校生活のあらゆる場面で活用することができます。

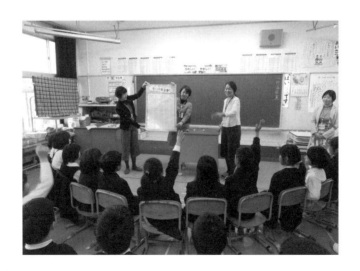

第 2 章

アンガーマネジメント 28のケーススタディ

子ども、同僚や上司、保護者それぞれの対象に合った対処法があります。学校現場でよくある場面とそこで使えるアンガーマネジメントテクニックをまとめました。

> 私はアンガーマネジメントを教えているami（anger management instructor）先生です。一緒に事例を通して学びましょう。

1 自分の第一印象で嫌なことを言われた

4月の始業式。新たな気持ちで始業式に臨んだのに、「先生は厳しい人だってお兄ちゃんが言ってたよ」「隣のクラスの先生がよかったのにね」の声が聞こえてきた。そんな言葉に、ショック！

こんなときあなたは？

あなたの対処法と、それに対するアドバイス

1. 子どもたちに対して「どうしてそういうことを言うの」と責めてしまう。
   ◯「どうして」は叱る言葉としてNGです。子どもの思いは尊重しつつ、それを言われたら「悲しい」と自分の第一次感情を伝えます。

2. 「他のクラスに行けばいいんじゃない！」と言ってしまう。
   ◯これでは子どもたちも「隣のクラスに行ってしまおう」と教師に反感を持ってしまいます。これは禁句です。どんな場合でも言ってはいけません。

3. 無愛想な表情になって何も言わない。
   ◯指導者として、「人に言っていいことと悪いこと」の線引きをします。その上で、その場ではっきりと相手に伝えることも必要です。

子どもたちとのスタートを気持ちよく切る日です。ファーストインプレッション（第一印象）を書いて伝え合い、これからはじまる子どもたちとの関係づくりをはじめましょう。

● 第一印象を知ろう

テクニック　ファーストインプレッション

ファーストインプレッションは、自分がどのように見られているか第一印象を知るテクニックです。

❶ 学級指導で子どもたち全員に短冊を配り、「先生の第一印象を書いてください」と話します。
❷ 子どもたちが短冊を書いている間に子どもたちの第一印象を短冊に書きます。
❸ 「第一印象の交換会をしましょう」と話します。
❹ 子どもたち一人ひとりにコメントしながら教師が書いた短冊を渡します。
❺ 一人ひとりが書いた第一印象の短冊を受け取ります。

「自分が思っている自分」と「他人から見られている自分」にギャップがあるなら、自己開示していく努力が必要です。

ami先生の一言
子どもたちからどう見えているかを
知っておきましょう。

2 授業がはじまっても騒がしい子ども

授業がはじまってもあちこちから学習とは関係のないおしゃべりの声が聞こえてくる！ どうして私のクラスの子どもたちは騒がしいんだろう。隣のクラスは静かだっていうのにまったく！

こんなときあなたは？

あなたの対処法と、それに対するアドバイス

1 「静かにしなさい！」と子どもたちを大声で怒鳴ってしまう。
   ◯感情的に怒鳴ることはNGです。頭に血が上ってきたら、怒りのピークである6秒を意識して衝動的に怒鳴ることを抑えましょう。

2 「他のクラスは静かにしている！」と他と比較することばを言ってしまう。
   ◯静かにする場面と話をする場面のメリハリは必要です。比較するよりも、どんなときに静かにするべきなのか、クラスで考えてみましょう。

3 子どもたちの私語が続いてうるさくても、授業をそのまま続ける。
   ◯授業中に騒がしい状態で授業をしてしまうと子どもたちは「うるさくてもいいんだ」と考えるようになり、ますます騒がしくなっていきます。

こうして コントロール

イラッとする出来事があってもすぐに反応せず、6秒待ちます。騒がしい時に大声を出しても効果はありません。大声を出すのではなく、頑張っている子どもたちを見つけて声をかけましょう。

● 怒らずに待つ6秒

テクニック　6秒ルール

6秒ルールは、怒りにすぐ反応せずに、怒りのピークである6秒間をやりすごす方法です。

❶ 子どもたちが騒がしいときに、すぐに反応しません。

❷ 手のひらに自分がイラッとしたことを書いて6秒待ちます。

❸ 静かに集中している子どもたちを素早く見つけて、名前を呼んでほめましょう。

ami先生の一言
騒がしい子にすぐに反応せず、
6秒待ってみましょう。

3 注意したときに反抗的な態度を取る子ども

授業中に隣の子どもにちょっかいを出す子どもがいる。「今は授業中だからやめなさい！」と注意すると「うるさいんだよ！」と反抗的な態度。2年生でもこうなのかとイライラしてしまう。

こんなときあなたは？

あなたの対処法と、それに対するアドバイス

1. 「先生が注意していることを聞けないの！」と怒ってしまう。
   ○注意するよりも、改めてほしい具体的な要求を明確にしましょう。否定文ではなく、肯定文で伝えると相手が受け入れやすいです。

2. 「相手の気持ちを考えなさい！」と強く注意する。
   ○強く怒りすぎてしまうと、より強い反抗が返ってきます。冷静になるためにも、呼吸を整えたりリラックスしてから伝えましょう。

3. 反抗的な態度を注意しても聞かないだろうと諦める。
   ○三重丸の境を相手や機嫌で変えていては、一貫した指導はできません。相手に変わってほしいならば根気強く伝えることが必要です。

ちょっかいを出している子どもに注意している時点で気持ちが落ち着かなくなっています。反抗的な態度を取られるとますますイライラしてしまうはず。まずは、呼吸を整えリラックスして対処しましょう。

● **深呼吸でリラックス!** テクニック　呼吸リラクゼーション

呼吸リラクゼーションは、怒りを感じて呼吸が浅く速くなっている状態をリラックスできるように変えるテクニックです。

❶ 鼻から大きく息を吸って、一旦止めます。
❷ 口からゆっくり息を吐きます。
❸ ❶と❷を繰り返します。
❹ すぐに怒らず、呼吸を整えてから、子どもに注意しましょう。

ami先生の一言
子どもたちの反抗的な態度に反応せず、深呼吸でリラックス!

4 毎日宿題をやってこない子ども

小学校では宿題は毎日の課題。それなのにいつも同じ子どもたちがやってこない。毎回言っているのにもう1学期も終わる今でも前と変わらない。宿題を忘れても平気な子どもたちに毎日イライラ。

小学生と宿題に関するデータから考える

　ベネッセ教育研究開発センターの学習基本調査（2010）によれば、小学校教員が宿題を出している割合は、「毎日出している」と回答したのが95.3％、「2・3日に1回くらい」と回答した1.5％と合わせると97％になっています*。1998年の調査で「毎日出している」と回答した84.8％と比べると増えています。また、一日の宿題の量も1998年には15分が33.4％、30分が54.2％、45分が8.8％であったのに対して、2010年には15分が11.7％、30分が50.0％、45分が22.3％となり、宿題の量が多くなっています。子どもたちに宿題を出すことで教員の負担が増えていることは言うまでもありません。
　宿題を出すことで家庭での学習時間の指導についても行う必要が出てきます。年々宿題の量や子どもたちの指導に費やす時間が増えていることも小学校の先生方のイライラにつながっていることが考えられます。

*出典：ベネッセ教育研究開発センター「第5回学習指導基本調査」Ⅱ学習指導・進路指導の現状と意識　第3章学習指導　第5節宿題（2010）
berd.benesse.jp/shotouchutou/research/detail1.php?id=3243

子どもたちのことを大切にしながら、自らの思いを伝えます。「なんで宿題をやってこないの」と言っても責めることにしかなりません。伝え方を変えてみましょう。

"私は"メッセージで伝える

テクニック アサーティブコミュニケーション

アサーティブコミュニケーションは、自分の「気持ち」に正直に、相手のことも思いやりながら、率直に伝えるコミュニケーションです。相手を否定するのではなく、"私は"を主語にしたメッセージで、自分の気持ちを伝えてみましょう。

❶ NGな言い方
「いつも宿題してこないよね!」
「どうして宿題しないの!!」

❷ OKな言い方
「先生が言ったことが伝わってないと思うと悲しいよ」
「授業についていけなくなると思うと先生は心配なんだよ」

■私を主語にして、自分の思いを伝えてみましょう。

> 私は、

> 私は、

ami先生の一言
私を主語にして伝える練習をしましょう。

5 何度注意しても同じ過ちを繰り返す子ども

昨日も教室の掲示物は大事にすることを話したのに、ふざけ合って友だちの作品を破ってしまった。どうしてこうも同じことを繰り返すのか……。もう限界に近い！

こんなときあなたは？

あなたの対処法と、それに対するアドバイス

1 ついに怒り爆発！　ふざけた子どもを放課後残し、説教する。
　○怒ることは悪いことではありません。ただ怒り方が大切。感情的に怒るのではなく、事実（掲示物を破った）、感情（ものを大切にしないことが悲しい）、要求（廊下ではふざけないことを約束してほしい）を整理して伝えましょう。

2 「連帯責任よ！」とクラス全体を残して説教する。
　○全体に再度話をする時も、どのように伝えるか準備するのが望ましいですね。できている子にとって「八つ当たり」と取られるのはNGです。

3 自分の指導力のなさに、悲しくなる。
　○必要以上に悲観しては、その後の指導に自信のなさが表れます。右ページのテクニックを使って、自分を冷静に分析してみましょう。

私たちはワンパターンの「べき」(信念や価値観)で怒っていることが多いものです。物事に対して、偏った見方をしていないか、いろいろな方向から客観的に見直すトレーニングをしてみましょう。

3段階で「べき」をリフレームする

テクニック 3コラムテクニック

3つのステップで、怒りの原因となる「べき」を見つけ、リフレーム(書き換え)します。下記の要領で書き出してみましょう。

❶ イライラしたことを書きましょう(アンガーログ)。

> 例 学級会で伝えたことを守らず、クラスメートの作品を破った。

❷ イライラの原因である「べき」を書き出してみましょう。

> 例 一度言ったことは守るべき。ものを大切にすべき。

❸ どのように書き換えれば、「自分にとっても周りの人にとってもプラスになるか」という視点でリフレームしましょう。

> 例 一度くらいでは、すぐ忘れるかもしれない、学級会のたびに伝えよう。
> 掲示の位置が低すぎたのかもしれない、もう少し高い位置にして触れにくくしよう。

怒りの原因を見つけ、冷静に視点を変えて見つめなおしてみると、選択肢がたくさん見えてきます。自分の怒りとどのように向き合うか、選ぶのは自分です。

ami先生の一言
時間に余裕のあるときに、静かに自分と向き合い、ゆっくり取り組んでみよう!

6 給食が少ないと当番に文句を言う子ども

毎日の給食の時に「自分の量が少ない」とけんかがはじまる。当番も頑張っているのにどうしてこういうことでけんかになるんだろう。給食ぐらい落ち着いて食べたい！

こんなときあなたは？

あなたの対処法と、それに対するアドバイス

1　「文句を言うんじゃない！」と怒ってしまう。
　　◯大声で怒ってしまうと、自分の怒りの発散にはなりますが、解決にはなりません。喧嘩の同調より、指導する立場としての振る舞いを意識しましょう。

2　怒りながら子どもたちの代わりに給食当番をしてしまう。
　　◯怒りながら作業をすると、乱暴に扱いがちです。怒りの衝動を抑えて、冷静さを取り戻しましょう。

3　子ども達のやり取りを黙って見ている。
　　◯まずは、口を出さないで子どものやり取りのようすを観察してみましょう。喧嘩の原因が見えるかもしれません。その上で声かけをしましょう。

こうして
コントロール

教師としては、子どもたちのトラブル場面での指導のバリエーションを持ちたいものです。適切な指導ができている理想の教師をまねて演じることで、理想な指導方法を身につけることができます。

指導が適切だと思う教師をまねてみよう

テクニック プレイロール

ロール（役割）をプレイ（演じる）という意味です。自分が理想だと思う人間の言動などをまねて演じることで、理想の振る舞いを獲得します。

❶ 給食指導が上手な教師を見つけよう。

❷ どのようなところが理想的ですか？
具体的にチェックしてみましょう。

チェックポイント
□表情、□間の取り方、□声のトーン、
□ペースの合わせ方、□言動、□服装、□配置

❸ 給食当番時の指導を具体的に記述します。

○○先生のやり方
①子どもの役割分担が明確になっている。
②欠点を挙げるのではなく、前向きな指導をしている。
③指導者が笑顔で一緒に準備している。
④タイムスケジュールを守っている。

❹ 理想的な教師になりきって、演じてみましょう。

あなた自身の言葉遣いや振る舞いが変わることで、子どもたちの反応に変化が現れるでしょう。

ami先生の一言
まねすることは理想的な指導方法を身につける近道です。

7 グループ活動の時に机を離す子どもたち

学習や給食の時間に「生活班の4名でグループをつくりなさい」と言うとすっと一人の机を離してしまうことがある。なんとか止めさせたい！　仲間はずれを見るたびに指導をするが、なかなかうまくいかない。どうしてわかってくれないのと落ち込む。

こんなときあなたは？

あなたの対処法と、それに対するアドバイス

1. 「なんでそういうことするの？」とグループの子どもたちに強く言う。
   ○「なんで？」は相手を責める言葉です。「どうしてほしい」と具体的に伝えましょう。

2. 「言ってもやめないんだろうな」と思いながら注意する。
   ○何度も注意しても繰り返す場合は、こちらの真意が伝わっていない場合があります。仲間はずれは悲しいと第一次感情を伝えましょう。

3. どうせ言ってもやめないだろう」と何も声かけしない。
   ○指導するにはある程度の毅然とした態度が必要です。自信を取り戻すためにも、サクセスログでできたことに目を向けましょう。

こうしてコントロール

自分が指導するなかでささいなことでも構わないので、「できた」「うまくいった」ことをどんどん記録していきます。

1 できたことを記録して、自信をつけよう

[テクニック サクセスログ]

サクセスログは、できたこと、うまくいったことを記録することで、「毎日こんなに多くのことができている」と自信を持つことができるテクニックです。

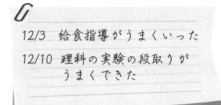
12/3　給食指導がうまくいった
12/10　理科の実験の段取りがうまくできた

2 ささいなことでもどんなことでもOK！

理科の段取りがいつもより3分早くできた

こんなことでもOK！
- ★子どもとのやりとりがうまくいったこと
- ★給食の片づけが早くできたこと
- ★計画通り授業が進んだこと

3 サクセスログを続けてつける

私たちは小さな成功を繰り返して毎日生きています。自分ではうまくいっていないと思っていても、うまくいっていることはたくさんあります。それを見つけましょう。

ami先生の一言
小さいことでもささいなことでも、成功は成功。

子どもへのイラッ

8 特定の子どもを遊びに入れない子どもたち

休み時間になって校庭に出ていく子どもたちを見ていると誰かを仲間に入れないような気がする。みんなで遊べばいいのに。高学年の女子はこういう雰囲気になるからいやなんだよね。

こんなときあなたは？

あなたの対処法と、それに対するアドバイス

1. 「一人だけ仲間に入れないのはよくない」と怒る。
   - 怒ることも必要ですが、頭ごなしに怒る前に、子どもたちの人間関係を観察し、本当の理由を探ることが解決の糸口です。

2. 遊びを止めさせる。
   - 罰よりも、建設的な解決方法を探りましょう。

3. 仕事があるので職員室に戻る。
   - 子どもたちのことを後回しにしないことが大事です。気になる時はそばに行って、「先生も一緒に遊ぼうかな」と先生自身が仲間に入ってみましょう。

こうしてコントロール

子どもたちの理想的な姿をイメージして、そこに向かって自分ができる具体的なステップを考えていきましょう。

● 変化に目をつけて

[テクニック] 変化ログ

変化ログは、自分が起こしたい変化を考えて、そのためにできる具体的なアクションを書くことです。

❶ 仲間はずれにされている子どもを助けたいときのアクションを書く。

変えたいこと
グループから仲間はずれにされているCさんがいる 前はいろんな子と遊んでいたDさんが一人で遊ぶようになった。 CさんとDさんも他の友だちと関われるようにしたい

変わるためにできること	いつまでに
休み時間に子どもたちの輪に入り、人間関係を観察してみる	2カ月後までに

❷ アクションプランを1つずつ試してみましょう。

先生も一緒にまぜてね〜！

❸ うまくいかなかったら他の方法を試してみましょう。

ami先生の一言
簡単にできる小さなステップからはじめます。

9 いじめかどうかわからず悩む

教室での様子でいつも同じ子どもがみんなに囲まれている。ふざけて遊んでいるようにも見える。周りの子どもたちも遊びのつもりなのか。怒ったらいいのか、どう対応したらいいか分からない。

こんなときあなたは？

あなたの対処法と、それに対するアドバイス

1　いじめと決めつけて一方的に怒る。
　　◯決めつけはその後の対応の方向性を誤る可能性があります。先生としては、まずは事実を確認しその上で対処を考えましょう。

2　いじめなのかと被害児童に聞く。
　　◯子どもはいじめられていることを、「恥ずかしい」と思いがちです。まずは子ども達の第一次感情に気づきましょう。対応には慎重さが求められます。

3　問題を一人で抱え込む。
　　◯上司や同僚に相談することで、解決策が見えてきます。子どものことを第一に考えて、事実をもとに対処しましょう。

こうしてコントロール

子どもたちがふざけているのかいじめているのか、判断に迷う時は、事実と思い込みが混在している場合があります。客観的で適切な対応のために、先生の視点を整理しましょう。

● 思い込みと事実を区別する

　テクニック　思い込みと事実の切り分け

自分の思い込みによって事実をゆがめないように、子どもたちに話を聞きます。

❶ ふざけていた子どもたち一人ひとりに話を聞く。

思い込み	事実
ふざけているだけだと思った	いじめがあった
みんな笑っているように見えた	困っている子もいた
A君もいやではなさそうだった	A君は傷ついていた

❷ イラッとしたとき、思ったことを分けてみよう。

思い込み	事実

● 事実検討できていますか？

一つの事実でも、捉え方は人それぞれです。挨拶を返さない子どもに対して、「私をバカにしている」と思って腹が立つ先生もいれば、「考え事でもしているのかな？」「今朝、親とケンカでもしたのかな？」と思う先生もいるでしょう。「事実」は「おはようと言わなかった」ということ。意味づけしているのは自分自身です。「人が挨拶したのになんで返事しないの！」と怒る前に、事実は何なのか、思い込みは何なのかと考えてみると、案外、思い込みで怒っていたなと気づくかもしれません。

ami先生の一言
次の行動を決めるためにも冷静な判断が必要です。

10 名前や容姿のことでからかう子どもたち

クラスの中で名前や容姿をからかう雰囲気がある。その人に与えられたものを否定するのはよくないと思う。気軽にそういうことを言う子どもたちは絶対許せない！

こんなときあなたは？

あなたの対処法と、それに対するアドバイス

1. **「からかうのはやめろ！」と大声で怒鳴る。**
   ○大声で怒鳴る前に、まずは気持ちを落ち着かせます。その上で、自分が許せない「からかい」の境界を三重丸で整理して子どもに伝えましょう。

2. **クラス内での出来事に対して落ち込む。**
   ○クラスの雰囲気をよいものにするための関わり方を見直す機会です。問題を解決志向で考えることが大事なので、必要以上に落ち込む必要はありません。

3. **どう声かけしていいのかわからない。**
   ○問題は「からかわれている子どもの気持ち」です。子どもたちにどうしてほしいのか、まずは先生の気持ちを上手に表現することからはじめましょう。

イライラを引きずったり、逆に必要以上に落ち込んで指導に自信をなくすことのないように、感情をリセットして前向きになる時間を持ちましょう。前向きな気持ちで、どうしてほしいのかアサーティブな表現を考えてみましょう。

① 何事も前向きに発信   テクニック ポジティブセルフトーク

ポジティブセルフトークは、特定のフレーズを自分に言い聞かせることで、自分を元気づけたり、気持ちを前向きにさせるアンガーマネジメントのテクニックです。

●ポジティブトークをつくってみよう。

> 例　きっと子どもたちも分かってくれる　明日はいいことがある

② 子どもになぜいけないのかを説明してみましょう   テクニック アサーティブコミュニケーション

41ページのアサーティブコミュニケーションを使ってみよう。許せない！と怒るのではなく、まずは冷静になりましょう。その次に、なぜからかうことがいけないのか子どもに伝えましょう。

例）「名前をからかうことは、先生はいけないことだと思う。からかわれた子は悲しい気持ちになると思う。先生もそんな姿を見てると寂しくなる。」

●子どもへの言い方を一緒に考えてみましょう。

ami先生の一言
いやなことがあったときこそ、
前向きな言葉を言ってみましょう。

11 喜怒哀楽が激しい同僚にペースを乱される

隣の席にいる先輩教師の言動に合わせていると自分の仕事がはかどらなくてイライラする。人の機嫌に振り回されたくない！

こんなときあなたは？

あなたの対処法と、それに対するアドバイス

1 **「空気読んでよ！」と心の中で邪険に思う。**
　○自分の中で思っていることは、相手にも伝わりやすいもの。火に油を注がないように注意しながら、一定の距離を置くことで火が弱まるのを待ちましょう。

2 **嫌われたくないから、つい相手をしてしまう。**
　○つい相手をしてしまう人は、相手の感情の乱高下に巻き込まれて消耗して疲れてしまいます。適当に受け流すことも自分を守るスキルです。

3 **黙ってその場を離れる。**
　○周りに嫌な印象を与えてしまいます。言葉遣い、仕草、表情など、努めて穏やかに振る舞うことで余計な不満を相手に持たせないようにしましょう。

こうしてコントロール

自分の芯をしっかり持つことができるように、周りの人の感情に流されず、怒ることもない、奇跡の日がやってくることをイメージしてください。

● 奇跡の1日イメージ

[テクニック] ミラクルデイエクササイズ

ミラクルデイエクササイズは、「悩み」も「怒り」もない奇跡の日をイメージするアンガーマネジメントのテクニックです。
ゴールの状態を想像してから❶から❻の質問に答えていくことで、より鮮明に明るいセルフイメージができて、それを可能にするにはどう行動すれば良いのか、具体的にわかるテクニックです。

❶	それは、どのような状態ですか？ ゴールをイメージしましょう。	例▶	やる気に満ちて、何でも挑戦したい
❷	最初にあなたの変化に気づく人は誰ですか？ なんと言われますか？	例▶	同僚「気合入ってるね」
❸	次は誰が気づきますか？	例▶	主任
❹	自分自身はどのようなことを感じていますか？	例▶	やる気がみなぎる
❺	奇跡の日を10段階の10とすると、それに一番近かった日は今年いつありましたか？	例▶	5月20日
❻	その日は何をしていましたか？ その時誰といましたか？	例▶	同僚や先輩と話し合いをした

学校にはいろいろな感情を持った人がいます。感情に波があるのはお互い様。自分の感情を冷静に見つめて、行動をコントロールすることができる未来の姿をイメージすることで、モチベーションを保ちましょう。

ami先生の一言
自分が変わることで周りも変わることを体感してみましょう。

12 プライベートをしつこく詮索してくる同僚

新任5年めでやっと仕事にもこの学校にも慣れ毎日楽しくなってきたのに、同僚から「結婚は？」「子どもは？」としつこく聞かれてイラッとする！

こんなときあなたは？

あなたの対処法と、それに対するアドバイス

1 しつこく繰り返され、ムッとしてモヤモヤする。
　▶嫌がらせではなく悪意のない発言なんだなと軽く受け流しましょう。しつこいときはさりげなく話題を変えます。

2 わたしが若いときは……と昔の話をされて、「またか」とうんざりする。
　▶アドバイスしてあげようという善意は受け取りましょう。その上で意見を受け入れられないときは客観的に何が嫌なのか分析してみましょう。

3 適当に話を合わせる。
　▶あまりにも長い時間だったり同じ話の繰り返しは勤務上問題です。さりげなく短くまとめて返してあげると相手は聞いてくれた満足感が得られます。

イライラしたときの記録をつけることで、自分の怒り場面とパターンを知り、対策や回避方法を考えましょう。

● イライラの記録

 テクニック アンガーログ

イラッとしたことをその都度記録します。
あとで冷静になったとき客観的に怒りに向き合うことができます。

アンガーログのつけ方

❶ 日時	1月26日（火曜日）放課後
❷ 場所	職員室内
❸ 出来事	6時間目終了後、急いでテストの丸付けをしていたら、雑談が始まり、話の内容が他人の噂話になった。突然「あなたは結婚するの？」と話を振られてことばを濁していたら、「今の若い人は」「私のときは」と長話に巻き込まれた。
❹ 思ったこと	自分が責められている気がして嫌だった。あなたと私は違う！ 環境も違うと憤って疲れが増した。丸付けの時間が足りなくなって焦った。
❺ 行動・言動	心の中ではムッとしたが、苦笑いしながら話を聞くしかなかった。
❻ してほしかったこと	仕事をしたかったので放っておいてほしかった。自分のプライベートを話のネタにしないでほしかった。
❼ 結果	話に付き合った結果、時間内に終わらず持ち帰りの仕事になった。持ち帰るのに上司の許可を取る際、無能と評価されるかもと思って嫌だった。
❽ 怒りの強さ	10段階で4

ami先生の一言
怒りを記録して
冷静に分析してみましょう。

13 子どもや親の悪口を言う同僚

同じ学年の担任をもっている同僚が、クラスの子どもや親の悪口を平気で言う。悪口を言ってる人を見てるだけでムカつく。同じ教師として許せない！

こんなときあなたは？

あなたの対処法と、それに対するアドバイス

1. 「自分のことを棚に上げて何言ってるの？」と憤る。
   ○悪口やレッテル貼りをする人は、イライラを相手に転化している状態です。「そんな人もいる」「そんなときもある」程度に考えると自分が楽です。

2. 巻き込まれないように、その場を立ち去る。
   ○教室の整理整頓をする口実でその場を立ち去るのが、スマートな対応かもしれません。居場所は周りの人に伝えましょう。

3. つい聞いて同意してしまう。
   ○悪口の現場にいると、意見に同意したものとされてしまいます。自分にとって不利になることを防ぐためにも、共感も同意もせずに受け流すことが必要です。

こうして コントロール

つい、うまくいかないことを子どもや保護者などのせいにしてしまう教師もいます。しかし、悪口やレッテル貼りは事実ではないことも多いもの。最初から自分の態度をはっきり決めるのも一つの方法です。

● 解決のために いったん休憩　　テクニック **タイムアウト**　　テクニック **身体リラクゼーション**

タイムアウトは、いったんその場を離れて、イライラした気持ちを早く落ち着かせる手法です。身体リラクゼーションは❸のように、身体をリラックスさせて気分転換する方法です。

❶ 周りの人に「ちょっと〇〇に行ってきます。戻ったらまた話しましょう」などと、一声かけて席を立ちます。
　＊黙って離れられると、周りの人を「どうしたんだろう」と不安な気持ちにさせてしまいます。

❷ イライラの対象が目に入らない少し離れた場所に移動します。

❸ 深呼吸や軽いストレッチをして身体をほぐすなりしてリラックスしましょう。
　＊身体をほぐして気分転換をすると、怒りすぎを防ぐと同時に冷静な判断ができるようになります。

ami先生の一言
物理的にも心理的にも距離を取ることで、イライラをコントロールしましょう。

14 前年度の引き継ぎをしない前任者

初めての異動があり、転勤先に前任者の引き継ぎ文書がなくてびっくりした。いったいどう担当の係を運営していいかわからず途方にくれていたが、しだいに怒りが込み上げてきた。

こんなときあなたは？

あなたの対処法と、それに対するアドバイス

1 「ちゃんと引き継ぎしてよ！ 常識でしょ！」と怒りでいっぱいになる。
   ○「ちゃんと」のレベルは人によって違うもの。怒りの矛先を前任者に向けても問題は解決しません。何が問題か冷静に対処策を考えてみましょう。

2 周りの人に「どうやってたの」と聞いて回る。
   ○他人の意見を聞くことは、視野が広がりよりよい方法を見つける絶好の機会。事務処理スキルをアップさせましょう。

3 「いつものことだ」とあきらめて、適当に自分なりにつくる。
   ○今やっておくことが自分の力になる、と気持ちを切り替えて、未来志向で問題を解決する方向に目を向けましょう。

今、ストレスとして感じている事柄を①「コントロール可か不可か」②「重要か重要でないか」の順に、4つの視点で仕分けをします。②の重要かどうかの判断基準は、「後悔するかどうか」です。自分で状況を変えることができる事柄については、コントロール可、かつ、やらなくて後悔するなら、重要、と判断します。

● ストレスログで感情と行動を整理

テクニック ストレスログ

ストレスの内容を4つのカテゴリーに入れて、どう行動すればよいか考えます。

ステップ①	変えられる コントロール可能	変えられない コントロール不可能
ステップ②	重要 ① コントロール可能 × 重要 例) 仕事のやり方が非効率、手順が多すぎる。 ➡現実的な方法で、積極的に自分で解決できることなので、今すぐ具体的に行動を起こしましょう。改善点を書き出しましょう。	重要 ③ コントロール不可 × 重要 例) 引き継ぎ文書や必要な書類が見あたらない。 ➡変えることができないのなら、まずは受け入れてその上で自分がどう行動できるか考えましょう。上司や同僚に相談してコントロールできるならコントロール可能に変更しても可です。
	重要でない ② コントロール可能 × 重要でない 例) 使いたい備品が足りない。 ➡時間に余裕があるときに教科担当と話し合っておきましょう。	重要でない ④ コントロール不可 × 重要でない 例) 自分が使わない備品や消耗品が多い。 ➡考えても仕方のないことです。在庫があることは把握しておきましょう。

引き継ぎ業務は、自分と他人の価値観（べき）の違いが顕著に表れる問題です。転勤前後の忙しさと新しい職場での不安などで、自分の第一次感情がいっぱいになっていてイライラしがち。ログで感情を整理して、やるべき行動の優先順位をつけてみましょう。

ami先生の一言

ストレスを4つの視点に分けてスッキリ！

15 授業の準備が間に合わない自分

新任2年目にして、毎日やることが多すぎて事務作業に追われている。もうすぐ授業なのに、提出書類が間に合わない！　忙しすぎてどうにかなりそう。

　平成18年度文科省委嘱調査（リクルートマネジメントソリューションズ調べ）「教員意識調査」によると、教員が行っている20項目の業務のうち、忙しいと感じる度合いが高いものを最大で3つ回答してもらい、各業務ごとの回答率により比較した結果、職種にかかわらず全体的な傾向として、忙しく感じることや負担と感じることは、1位「成績処理」2位「授業準備」3位「事務、報告書作成」について、25％を超える結果となりました。
　授業そのものを忙しいと感じている度合いは少なく、「直接的に児童生徒に接しないデスクワークに業務の忙しさを感じる度合いが高い傾向がみられる」と考察されています。一方、「保護者意識調査」では「学校の先生は忙しくなった（仕事の量が増えた）」との質問に当てはまると回答した合計が全体の35％である一方、当てはまらないと答えた合計が27％となっており、意見が分かれています。
　事務的な処理や授業準備について、当事者にしかわからない繁忙感や負担感があることが推測されます。

教員・保護者意識調査　文科省資料
http://www.mext.go.jp/a_menu/shotou/kyuyo/07061801/002.pdf

こうしてコントロール

ポジティブな感情を思い出すことで、ネガティブな感情を心の中から追い出し、前向きな気持ちになります。

❶ ポジティブなことを思い出す

[テクニック] ポジティブモーメント

成功体験や楽しかったことを思い出してみましょう。
気持ちをすっきりリセットすることで、前向きな行動を起こすことができるでしょう。

あなたの成功体験・楽しかったこと

例 子どもたちが『分かった！』とキラキラした顔をした瞬間を見た

あなたの成功体験・楽しかったこと

❷ いろいろなアンガーマネジメントのテクニックを使ってみよう

焦っている時は、心に余裕がなくなります。イライラしてネガティブな感情に支配されそうな時は、何事も後ろ向きに考えがち。焦りや不安などの第一次感情がたまった状態で授業に臨むと、子どもは敏感に感じ取ります。イライラした雰囲気でクラスの空気も悪くなると、感情の負の連鎖がはじまってしまいます。

❶ 「コーピングマントラ（魔法の呪文）」（87ページ）大丈夫、大丈夫やたいしたことない、なんとかなるなど、自分を慰める言葉を自分にかける。
❷ 「呼吸リラクゼーション」（39ページ）深呼吸をして呼吸を整えることで安静を取り戻す。吐く方を長めに3回繰り返す。

ami先生の一言
心の余裕を取り戻すために、
自分の感情に目を向けてみましょう。

16 校務分掌に不公平感をいだく

30代の中堅で自分と同じ経験年数の教師がいる。私はいつも時間に追われながら給食主任や行事担当をしているのに、あの人は分担が少ない気がする……。不公平感が募ってイライラする！

こんなときあなたは？

あなたの対処法と、それに対するアドバイス

1 **人によって負担が違うことにいらだつ。**
　●仕事の役割は能力や状況によっても変わるもの。人生を振り返ると、その都度いろんな問題をクリアしたから今の自分があることに気づきます。

2 **新しい仕事を覚える機会だと前向きに取り組む。**
　●イライラして消耗するより、どうすれば効率的に上手に仕事をこなせるかを考えましょう。絶好の成長の機会と捉えて、今後に生かしましょう。

3 **管理職の決めたことだからと、諦める。**
　●諦めることもときには必要ですが、諦めることが多いと悲観的でふさぎこみがちになります。心身ともにリラックスして前向きな気持ちを取り戻しましょう。

こうして
コントロール

校務分掌の必要性は理解していても、つい仕事量を同僚と比べて不満をいだきがち。また、「できる人」に仕事が集中しやすいのも事実。周りを変えるよりも、自分の物事に関する捉え方と行動を変えたほうが早くて確実です。

1 できごとと感情の浮き沈みを自己分析

テクニック　タイムライン

同僚へのイラッ

自分の人生のできごとを振り返り、気持ちの変化の相対的なグラフをつけることで、できごとと感情の関連性に気づきます。

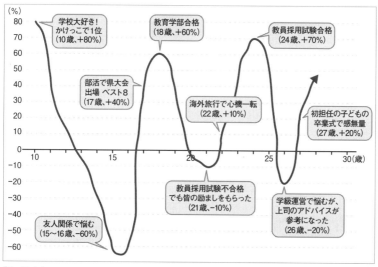

- 学校大好き！かけっこで1位（10歳、+80％）
- 教育学部合格（18歳、+60％）
- 教員採用試験合格（24歳、+70％）
- 部活で県大会出場 ベスト8（17歳、+40％）
- 海外旅行で心機一転（22歳、+10％）
- 初担任の子どもの卒業式で感無量（27歳、+20％）
- 教員採用試験不合格でも皆の励ましをもらった（21歳、-10％）
- 学級運営で悩むが、上司のアドバイスが参考になった（26歳、-20％）
- 友人関係で悩む（15～16歳、-60％）

《やり方》
❶ 縦軸は喜びの割合です。0から100までのパーセントで判断します。
❷ 横軸は、過去に起きた印象に残っているできごととその時の年齢を書き入れます。
❸ どのような時に喜んだり、悲しんだりするのか振り返ります。

辛い経験や困難なできごとの時に、どのような感情が出てくるのか把握することで、自分を客観視してみましょう。過去、自分が困難な時でも乗り越えてきたという自信が、今の問題も必ず解決できるというモチベーションにつながります。

ami先生の一言

視点を変えることで
現状を客観的に捉えることができます。

17 上司の指摘が細かすぎる

文書を作成したときは管理職にチェックしてもらうことになっている。しかし、いちいち細かいところを直せと言われ、何度も訂正してもその度に違う指摘をされる。キレてしまいそう。

こんなときあなたは？

あなたの対処法と、それに対するアドバイス

1. 「どうでもいいことに細かいな！」とムッとする。
   ●指摘されて不快になると相手も敏感に察して距離ができてしまいます。目的は文書を整えることです。態度に出るような怒りはコントロールしましょう。

2. 指摘されたことに対して、自分が否定されたと感じて落ち込む。
   ●上司は、部下を指導する役割として教えてくれていて、あなたを否定することが目的ではないはずです。自己否定は、自分に怒りの矛先が向いてしまいます。

3. 「そんなこと最初に言ってよ！」と心の中のイライラが態度に出る。
   ●「最初にそのように言ってもらえると助かります」と、気持ち＋(プラス)してほしかったことを伝えると角が立ちにくいでしょう。

上司からの指摘は、仕事に必要なことを教えてもらう大事な機会と前向きに捉えましょう。自分に対するマイナス評価ではないか？ と憶測して必要以上に考えすぎないようにします。

● いったん頭の中を真っ白にしてみよう　　テクニック　ストップシンキング

意識的に思考を停止させて、これ以上怒りが増していくことを防ぎます。

〈やり方〉
❶ 頭の中が怒りでいっぱいになったら、「ストップ！」と頭の中で号令をかける。
　＊頭の中に真っ白な紙を思い浮かべるのも OK。
❷ いっさい何も考えずに冷静になるのを待つ。
❸ できごとに対する意味づけを遅らせる。

私たちは、怒りの感情が発生すると、あのときもこうだった、これからもこうに違いないと、あれもこれもつけ加えて怒りをどんどんエスカレートさせていく傾向があります。
怒りの感情の暴発を防ぐためには、いったん考えるのをやめることが近道です。

 ami先生の一言
怒りがエスカレートする前に、まっさらな状態にするトレーニングをしてみましょう。

18 上司の言動にイラつく

うちの職場の管理職は性格に裏表があり、人間性を疑うときがある。表面上は取りつくろっていても顔に出て困るときがある。

2010年に発表された財団法人労務行政研究所が行った「職場への不満」や、様々な労働問題の実態についてのアンケート調査を紹介します。
職場への不満があると回答した人に対して不満の具体的内容について調査をした結果、職場の上司、同僚、部下への不満が合わせて42%ありました。
とくに、上司への不満に関するアンケート調査の結果、1位は「人間的に尊敬できない」が44%となりました。
次いで「ミスを人のせいにするなど責任転嫁する」と回答した人が21%、「上司が仕事を押し付ける」と回答した人が14%、「上司がパワハラをする」と回答した人が14%、「仕事ができない」と回答した人が5%、「上司がセクハラをする」と回答した人が3%という結果となりました。
「職場に不満がある」が9割以上にのぼり、不満の対象は、上司・同僚・部下などの人間関係が大半を占めることがわかりました。

参考資料：日本法規情報　法律問題意識調査レポート　「労働環境に関する意識調査」
http://prtimes.jp/main/html/rd/p/000000052.000006827.html

仕事上で長い時間を過ごすうちに、身近な存在になっている職場の上司。身近な存在にはイライラの頻度や強度は高くなりがちです。強すぎる怒りを引きずるとやりづらい場面も出てきます。態度に出すまえに怒りから意識をそらすテクニックを使ってみましょう。

① 身近なもので感情をリセット

テクニック　グラウンディング

グラウンディングとは、ものを観察することで、感情から距離を置くテクニックです。会議中や飲み会の場など、その場から離れられない時に使えて、簡単に頭をリセットできます。

〈やり方〉

❶ 目の前にあるペンをじっと見てみましょう。
❷ 形は？　傷の数は？　色は何色？　ロゴの字体は？　事細かに観察してみましょう。
❸ ものに意識が集中することで、モヤモヤした気持ちを心の中から追い出すことができます。また、怒りが増幅することを防ぎます。

② 逆から数を数えて意識をそらす

テクニック　カウントバック

頭の中で数を数えることで、衝動的な怒りの爆発を防ぎます。

〈やり方〉

❶ 100から3ずつ引いて数える　　100、97、94、91……

❷ 慣れてきたら、英語で100から7ずつ引いて

　　　　　　　　　　one hundred, ninety-three, eighty-six, ……

＊普段はやらない数え方がオススメです。数に集中することで怒りの対象から意識をそらすことを目的としています。
＊簡単ですが、即効性のあるテクニックです。

ami先生の一言
意識の矛先を変えることでイライラの対象が気にならなくなります。

19 同僚の悪口を言いふらす主任

毎日いろんな人の悪口を言う主任に、もううんざり。
担当替えまで、ずーっと我慢するのかと思うと、気分が落ち込む。

こんなときあなたは？

あなたの対処法と、それに対するアドバイス

1. 「またはじまった……」とうんざりしながらも相手をする。
   ○相手の「べき」を裁くことはできませんが、相手に必要以上に合わせることもありません。節度ある距離を保ちましょう。

2. 言動に対してむかつくあまり、校長やまたその上の管理職に言いつける。
   ○不快な発言はハラスメントになるので、嫌だと意思表示をすることは大事です。角が立たぬように、直接本人にその言動は嫌だとやんわりと言いましょう。

3. 巻き込まれないように、その場からすーっと立ち去る。
   ○不快な場面を離れるのは一つの方法です。その場から離れられないとき、グラウンディングなどの反射の行動を防ぐトレーニングをしてみましょう。

イライラやムッとしたときは、自分の価値観と現実とのギャップがあるとき。売り言葉に買い言葉にならないよう、自分の心に意識を向けてイライラに引きずられないようにしましょう。

自分の「べき」を書き出してみよう　　テクニック　べきログ

自分の価値観（べき）を客観的に知る方法です。

〈やり方〉
① 自分が日頃大事にしていること、当たり前だと思っていること、常識だと思っていることなどの「べき」をたくさん挙げてみましょう。
② 普段から口にしていたり、使ったりする「べき」が、自分が大事にしている価値観です。どんなことがありましたか。
③ 価値観を知ることで、自分の怒りポイントがわかります。

例	あなたのべき
返事は大きい声でするべき	
片付けは率先してやるべき	
教室には3分前に入るべき	
他人の悪口は心の中にしまっておくべき	

8、9ページのアンガーマネジメント診断をしてみると、自分のコアになっている価値観に気づきます。自分の価値観と、他人の言動や態度などが合わないときに、イライラしがちです。自分の怒りの引き金になっている「べき」はどんなものがあるのか知りましょう。

ami先生の一言

自分の「べき」が怒りのポイントです。

20 気分で方針をコロコロ変える主任

今年の学年主任は自分の思いつきでコロコロ方針を変える。せっかく段取りしていたのに、急に変えられると本当に困ってしまう。

こんなときあなたは？

あなたの対処法と、それに対するアドバイス

1 「どうしてコロコロ変わるの！」とイライラする。
　◯まずは変更の理由を聞いた上で、納得できたら、こんなやり方もあるかもと、自分のパターンを崩してみると違った視点が得られるかもしれません。

2 「またですか！　この前はこう言いましたよね？」と嫌味を言う。
　◯そのときはすっきりするかもしれませんが、人間関係がギスギスしてしまいます。「理由を教えていただけたら嬉しいです」とアサーティブに言ってみます。

3 「また変わるだろう」と相手にしない。
　◯「朝令暮改」にいちいち対応していると疲れます。すぐに反応しないで、自分のやるべきことを見極めた上で対処するのも一つです。

頻繁な変更を嫌がるタイプと変化を柔軟に取り入れるタイプ、物事の捉え方は人それぞれです。自分の対応力に柔軟性を持たせるトレーニングをしてみましょう。

いつもと違うことをやってみよう　テクニック　ブレイクパターン（アンガーログ）

例外探しをして思考と行動の柔軟性を身につけます。

〈やり方〉
❶ アンガーログ（57ページ）を継続してつけます。
❷ アンガーログと一緒に普段からスケールテクニックでできごとのイライラ度を記録します。
❸ 試しにいつもと何か1つだけ違うことをやってみます。
❹ それがうまくいったらやり続け、うまくいかなかったら別のことを試します。

いつもは……主任と無難な距離感でやりとりをしている

ブレイクパターン

 いつもより明るい声で返事をした　　　　 向き合ってじっくり話を聞いた

 その日1日うまくコミュニケーションが取れた　　　 主任の本音が聞けた

＊上司や同僚の傾向にも目を向けてみましょう。相手の「怒りの引き金」に気づくことができます。
＊長期的に見ると、行動を引き起こすヒントをたくさん持っていることで、自分の対応力や怒りの対処法の幅を持たせることができます。

　ami先生の一言
ワンパターンでうまくいっていないことがあれば、いつもと何か違うことをやってみましょう。

21 自分を批判する保護者

新卒2年目で初めての担任。期待と不安で教室へ向かうと、教室の中から自分への批判の声が聞こえてきた。若くてもやる気は負けないのに！ 悔しくて情けなさが込み上げてくる……。

こんなときあなたは？

あなたの対処法と、それに対するアドバイス

1 **やる気をなくしてしまう。**
　❍どうせ……とマイナス思考になっては、人生のゴールを見失い、もったいないですね。人生を切り開くのは自分です！

2 **飲みに行き友人や同僚に愚痴って気を紛らわす。**
　❍目の前の現実から目をそらしても根本的な解決にはなりません。解決志向でこれからの人生に目を向けましょう。

3 **見返してやろうと頑張る！**
　❍怒りはモチベーションにもなります！ ただし、復讐はNG。自分の成長のためのエネルギーになるといいですね。

教師を目指した際に思い描いたあなたの目標はどのような教師像ですか? そのために今できることは何ですか? ゴールを明確化することで、現在、そしてこれから起こり得る試練も成長の過程だと捉えられ、心の器が大きくなります。

● 理想の未来予想図

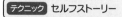

理想の自分像を決め、そこに向かって進む自分が主人公のサクセスストーリーを描くテクニックです。

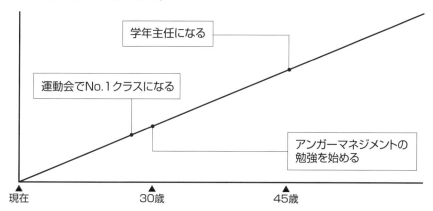

❶ 5年後、10年後の未来を描いてみましょう! 主人公はあなたです。
❷ そのために何をすればよいかを考えてみましょう!
　(例) 30歳 自己成長のためにアンガーマネジメントの勉強をはじめる
❸ 今後起こりそうな試練も想定してみましょう。

目標達成には、試練に打ち勝つ体力、精神力、準備や努力が必要です。今起こっていることもゴールに向かう途中での「人生のスパイス」と俯瞰してみる目を養いましょう!

ami先生の一言

未来志向で考えると批判も成長の糧!!

22 役員を押し付け合う保護者

仕事があるから、下の子が小さいから、と言い訳する親。欠席して委任状も出さない親。結局決まらず、担任が進行する羽目になる。人任せにせず、もう少し責任持って関わってよ！　と言いたくなる。

アンガーマネジメント的アドバイス

毎年繰り返されるこの光景。「今年もこの日がやってきたか」と考えるだけで、朝から憂鬱になるかもしれませんね。それぞれの事情があるのだから、と頭では分かっていても、自分の都合しか考えていない発言や態度にウンザリすることもあるでしょう。とはいえ、不満を態度に出したり、知らん顔しても事態は好転することはありません。

自分の「感情」を変えるのはむずかしいですが、「行動」を変えるのは比較的簡単。たとえカチンとくることがあってもまずは冷静に相手の話を聞き、とにかく1日を穏やかに過ごしてみましょう。

「アクト」は「行動する」、「カーム」は「穏やかに」。自己主張が強い人、だんまりを通す人、感情的に話す人、どんな人にも、どんな時でも、穏やかに対応してみましょう。そんなあなたに、周囲の反応も変わってくるはずです。

こうしてコントロール

保護者会の日は「何があっても怒らない！」と決め、穏やかに振る舞うことを心がけてみましょう。あなたの行動の変化で、周囲の反応も変わります。それを感じてみましょう。

● 徹底的に穏やかに

テクニック　24時間アクトカーム

（吹き出し）
- 皆さんご事情があると思います。どうするのがよいか一緒に考えていきましょう
- （先生も困っているだろうに）私、やってもいいです！
- ありがとうございます！学校側も一生懸命サポートしますよ！
- この先生となら PTA活動も楽しいかも

行動のポイントは、①言葉遣い、②表情、③仕草、④態度などを徹底して穏やかに振る舞うことです。人はとかく他人を変えたいと思うもの。ですが、まずは自分が変わる体験をしてみましょう。そのほうがずっと簡単だと気づくでしょう。

穏やかに話すあなたを見て、相手も「話しやすそうな先生だな」「何かあったら相談できるかも」と心を開いてくれることでしょう。

ami先生の一言

穏やかな振る舞いで自分の心が変わります。人の反応も変わります。

（側注）保護者へのイラッ

23 ルールを無視する保護者

運動会、最前列にパラソルが！　行事には何かとハプニングがつきもの。なかでもわがままを通そうとする親への対応には頭を抱えてしまう。自分さえよければいいのか？　自分本位な行動に我慢も限界！

こんなときあなたは？

あなたの対処法と、それに対するアドバイス

1 言っても聞かないのでそのままにしておく。
　◯見てみぬふりは、その場はしのげても心のコップに負の感情をためていくことになります。上手にこぼしていくことが必要ですね。

2 判断に迷い、**学年主任や教頭に対応を任せる。**
　◯いつも人任せでは、保護者にも同僚にも「頼りない教師」の印象が残ってしまいます。自分の判断軸を持ちましょう！

3 参観のルールを説明し、**わかってくれるまで根気強く説得しようとする。**
　◯根気強く説明する姿勢は素晴らしいですね。でもときには、ダメなものはダメと確固たる態度を示すことも必要です。

こうしてコントロール

保護者の振る舞いに、驚いたり、あきれたり、時には憤慨することもあるでしょう。しかしその対応に振り回されるのは本来の目的ではないはず。自らのイライラの強度を測り、どう対応するかの目安にしましょう！

１ 怒りの温度を測ってみよう

テクニック スケールテクニック

今のイライラを 10 段階で表すとしたら、何点？　点数をつけてみましょう。

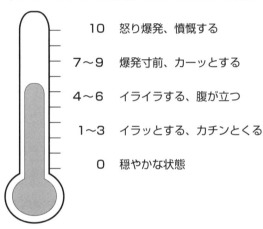

- 10　怒り爆発、憤慨する
- 7～9　爆発寸前、カーッとする
- 4～6　イライラする、腹が立つ
- 1～3　イラッとする、カチンとくる
- 0　穏やかな状態

２ 怒りは幅広い感情であることを理解しよう

イライラはいつも同じ強さではありません。カチンとくるけどすぐ忘れてしまう「怒り」もあれば、何カ月、何年も引きずってしまうしつこい「怒り」もあります。目に見えない「怒り」の感情に点数をつけて可視化することで、コントロールしやすくなります。これまで感じていたイライラが、実はそれほどの強さではないと気づくことがあるでしょう。

ami先生の一言
怒りを客観的に測ることができればアンガーマネジメントのコツをつかんだね！

24 連絡事項も無視するルーズな保護者

集金や提出物がいつも遅れる保護者。文書を出しても返信がない、電話してもつながらない、子どもに伝えても返事はない。やっと連絡が取れても、悪びれるふうもない様子に堪忍袋の緒が切れる！！

こんなときあなたは？

あなたの対処法と、それに対するアドバイス

1. 電話を切ったとたん「いい加減にしてくれよ！」と言う。
   ◯暴言を吐いても聞いているのは自分。物事は解決しないどころか、周りの先生の耳に入っているかもしれませんよ。

2. 「他の家庭からは返事が来ているんですが」とあんに責める言い方をする。
   ◯責められたと感じると相手は身を守ろうと余計に言い訳をしたり攻撃的になったりします。やはり解決には向かいません。

3. 子どもに「お知らせを渡したの？」と問い詰める。
   ◯渡し忘れを繰り返す子どもに対して、いつもと同じ怒り方で改善しないなら、何か行動を変え、よりよい変化を目指しましょう。

こうして
コントロール

人はよくも悪くも特定のパターンにはまっています。そのパターンを壊してみることで、負のサイクルから抜け出し、柔軟な心を育てていきましょう。

● いつものパターンを壊してみる

テクニック ブレイクパターン

怒りのパターンを見つけ出し、いつもと違うことを試して悪循環を断ち切るテクニックです。

❶ 自分の怒りのパターンを見つける。　　❷ いつもと違う行動をとってみましょう。

子どもから保護者へプリントの渡し忘れが多いと腹が立つ！		バラバラに渡していたお知らせプリントをセットにして、忘れにくい工夫をする
提出の締め切りをその都度伝えている		お知らせプリントの配布時期を一覧表にして、提出締め切りを前もって伝える
催促電話の後にイライラMAX！		催促電話の後にお茶でリラックス

自分の行動を一工夫してみましょう。
1つ試して、何かプラスの変化を感じることができれば、それを続けてみましょう。

ami先生の一言
すべてをガラリと変えるのではなく
何か1つからはじめてみよう！

保護者へのイラッ

25 過保護すぎる保護者

子ども同士のトラブルに、親がしゃしゃり出てきて我が子をかばう。「うちの子に限って」と思い込みが強く、現実を見ようとしない親。子どもはいつまでも甘えてしまうのに……。

うちの子がやったと決めつけるんですか？この子に聞いたら相手の子が先に手を出してきたって言ってますよ！

ウチの子は優しいから、遠慮して思っていることを言えないんです

そもそも先生がちゃんと見てないんじゃないですか？

こんなときあなたは？

あなたの対処法と、それに対するアドバイス

1 **（勘弁してくれよ）と思いながらも「はい、はい」と聞く。**
　◯黙って聞いていても感情は表情に出ているかも。相手はそれを感じてさらにエスカレートすることがあります。何よりストレスがたまりますね。

2 **感情的になり、強い口調で言い返す。**
　◯感情的に返すと相手も感情的になり、売り言葉に買い言葉……よい結果にはつながりません。

3 **「○○君はどう思うの？」と子どもに振る。**
　◯怒っている親の前では、子どもは素直になれないかもしれません。ときと場所を変えて聞いてあげる工夫も必要ですね。

こうしてコントロール

世の中は腹の立つことばかり、理不尽な親ばかり、とイライラが募ってきたら、危険信号。怒りのスパイラルに入ってしまいます。そんなときは「嬉しかったこと、楽しかったこと」を感じて意識を前向きに転じましょう。

 幸せ日記　　　　　　　　　　　テクニック　ハッピーログ

嬉しかったこと、楽しかったことを記録し、生活の中にある小さな楽しさ、喜びを感じるテクニックです。
一日の中でハッピーだったことを記録しましょう。書き続けるとポジティブな気持ちに変わってきますよ。

自分のことしか考えない親が多いなあ
今日も腹の立つことばかりだったなあ

♪ハッピーログ

帰りに買ったコーヒー豆でいれたコーヒーが美味しかった♪

朝、校門に立っていたら、近所の人が「子どもたち元気でいいね」とあいさつしてくれた♪

ポジティブな気持ち

悪いことばかりじゃないな♪
明日もガンバロー！

ami先生の一言
前向きな心の状態なら、相手の心情を思いやる余裕も生まれます♪

保護者へのイラッ

26 脅し文句を使う保護者

トラブルがあるとすぐに「教育委員会に訴える！」「知り合いの議員を連れてくる」「弁護士に相談する」などと言ってくる保護者。脅しと分かっていても、言い返せず、いやな気分を引きずる自分にイライラする。

2種類の不安

不安の要素は2種類あります。
❶「どうなるかわからない、何が起こるかわからない」という不安
❷「どうすればよいのかわからない」という不安

❶の不安は起きてみないとわかりません。今からあれこれ想像しても不安が募るばかりです。しかし、❷には解決策があります。「できること」を探して、行動計画を立てればよいのです。次のページのお助けテクニック「不安ログ」を使って、不安を解消していきましょう。

【ポイント】
「重要か重要でないか」の分類は個人の尺度で異なります。
「コントロールできるかできないか」は、「自分で変えられるかどうか」と置き換えて分類してもOKです。

保護者や権威者からの脅し文句に何も言い返せない自分にイライラするけれど、どうしようもない。不安がイライラのもとになっているのですね。そんなときは、自分の不安を客観的に見つめてみましょう。

不安メモ

[テクニック] 不安ログ

自分の不安を客観的に見るためのテクニックです。
❶ 不安を2つの視点から考えます。
　① 重要かどうか（優先順位が高いかどうか）、② コントロールできるかどうか。
　今感じている不安が、下の図の4つのどれに当てはまるのか考えてみましょう。

あなたの不安　保護者から信頼されていないのではないか？

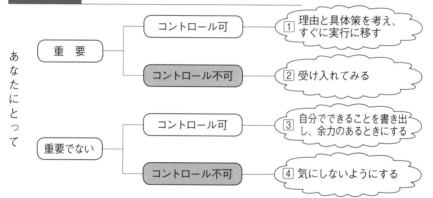

❷ 4つの箱のどれかに整理したら、その対策を考えていきます。
　[1]、[3]は、理由と具体策を考え積極的に実行します。理由が「はっきり意見を伝えられないから」「保護者に遠慮してしまっているから」なら、それに対して「アサーティブなコミュニケーション力を勉強する」「主任に相談して面談の練習をしてもらう」など具体的な対策を考え実行します。[2]、[4]のコントロールできないものについては、考えても仕方ありません。受け入れるか放っておくか選択をしましょう。

漠然とした不安からくるイライラを「不安ログ」で整理することで、今、自分ができることが、明らかに、具体的になってきますよ。

ami先生の一言
自分がコントロールできるものは積極的にコントロールして不安解消！

27 近隣住民からのクレーム電話に困惑

近所に住む住民からのクレーム電話。「通学途中の子どもが朝のあいさつをしない」という。学校の指導が悪いと言われても、あいさつの指導はしているし、しない子ばかりじゃないし。子どもに直接注意してくれればいいのに……。

こんなときあなたは？

あなたの対処法と、それに対するアドバイス

1. **「はい、はい」と聞き、ひたすら謝る。**
   ○ただ謝るだけでは「本当にわかっているのか？」と、相手を一層怒らせることもあります。

2. **カチンとくる言い方には、こちらも強い態度で言い返す。**
   ○売り言葉に買い言葉になっては、後悔につながりますね。

3. **適当にあいづちを打ち、「早く切ってくれよー」と祈る。**
   ○祈っても事態は変わりません。誠意を持って応対しましょう。

こうして
コントロール

感情的になっている相手に感情的に返すと、相手の心の炎を余計に大きくするだけです。あなたが上手に感情をコントロールして、相手の言い分を聞くことができれば、相手の激怒も収まることでしょう。

魔法の呪文で気持ちを落ちつかせる　　テクニック コーピングマントラ

コーピングは「対処」、マントラは「呪文」、コーピングマントラは特定のフレーズで冷静さを取り戻すためのテクニックです。

❶ 決まったフレーズを作ってみましょう！
「よくあること」「気にしない」「ま、いいか」など、すぐに思い出せる簡単な言葉でいいのです。
2〜3個用意し、自分に合ったものをその中から選んでください。

> ま、いっか

> 落ち着け、落ち着け

> 気にしない、気にしない

(書いてみましょう)

❷ イラッときたときに、作ったフレーズを心の中で唱えます。
唱えることで、一拍置いて考えることができ、反射的に攻撃的な言動になるのを防ぐことができます。

ami先生の一言
首を回す、手をグーパーする etc.
言葉以外の動作やサインでも OK!

28 職場体験先からの苦情

職場体験の受け入れ先に行くとお叱りの言葉が。「話しかけても返事がない」「来年は受け入れないよ」、言われることはもっともだけど、クドクド言うのはいい加減にして。横で他人事のような態度の子どもにも腹が立つ！

怒りを視覚化

見えない怒りの感情は、モヤモヤしてつかみどころがありません。見えないものはコントロールしにくいですね。そこで大きさや色など具体的にイメージして視覚化することで、怒りを実感し、理解しやすくしてみましょう。使うテクニックは「エクスターナライジング」。「外部化する・視覚化する」という意味です。目を閉じてイメージしても、実際に絵に描いてみてもいいですね。

「意外と小さいな」と気づけば、「そんなに気にしなくてもいいか」と、怒りがしぼんでいくイメージができるかもしれません。かなり温度が上がっているなと感じたら、きちんと伝える道を選ぶか、心の中からポイッと外に捨ててしまうか、選択するのはあなたです。コントロールできる自分を実感できればしめたものですね。

こうして
コントロール

あっちにもこっちにも腹が立つ！怒りが複雑になると、いったい何にどの程度怒っているのかわからなくなり、怒りの渦の中に巻き込まれてしまいます。そんなときは怒りを客観的に見つめてみましょう！

怒りを絵にしてみよう

テクニック　エクスターナライジング

❶ 怒りを視覚化することで怒りを理解しやすくするテクニックです。
あなたの今の怒りの特徴をイメージしましょう！

Q．どんな形？

Q．大きさは？

Q．色は？

Q．匂いは？

Q．動きは？

Q．重さは

Q．音は？

Q．温度は？

Q．固い？柔らかい？

より具体的な形を思い描いてください。
〇〇に対する怒りはこのくらい、△△に対するイライラはこんな感じ、
具体的にイメージできれば、自分の「怒り」を俯瞰してみることができます。

❷ 視覚化できたら、その怒りをゴミ箱に捨てるイメージをしてみましょう！

ami先生の一言
怒りを形にしたらクシャクシャにして
ポイっと捨ててしまおう！

保護者へのイラッ

コラム 2

家庭でアンガーマネジメント

　学校（職場）では強い怒りをあらわにすることがないという人でも、家に帰ると家族に当たってしまう人もいます。

　それは、「怒りは矛先を固定できない」という特徴があるからです。心の中にたまった怒りは、身近な対象に向けられます。家庭内で怒りが爆発してしまう例を紹介します。

　我が家は同じ教員同士の共働き家庭。同じように仕事で疲れて帰ってきても夕飯をつくるのは私。家事も子育ても、私がして当然と思っている夫。この人とこれからもやっていけるのかしら……。

テクニック　カップルダイアローグ

　仕事と家庭の両立は働く女性の大きな課題。協力してくれない夫に不満が爆発するのはよくあることですね。家事分担のスタイルはそれぞれの家庭で違います。夫の言い分もあるはずです。お互いに歩み寄る努力をする会話をしてみましょう。

> アメリカで夫婦などカップルセラピーに使われる手法の「カップルダイアローグ」というテクニックを使い、ルールに沿って会話をします。
> 二人が落ち着いて話ができる状況をつくり、下のように進めてみましょう。

① まず、一方が相手の気に入らないことを具体的に言います。

　　私はあなたが家事を手伝ってくれないことが気に入りません

② 聞き手は、相手の言ったことを繰り返します。

　　俺が家事を手伝わないことが気に入らないんだね

③ 今度は、その行動をされたときの感情を言います。

　　疲れても頑張っている私のことを助けてくれないのは、愛情がないように感じて悲しいの

④ 聞き手は、相手の言ったことを繰り返します。

　　疲れても頑張っている君のことを助けないのは、愛情がないように感じて悲しいんだね

⑤ 最後に、相手に対して変えてほしいことを3つ言います。

洗濯物をたたんでほしい。子どもの相手をしてほしい。食器を並べてほしい

⑥ 聞き手はできることを一つ選んで約束します。

　　夕食の支度をしている間は、子どもの相手をします

　カップルダイアローグは、夫婦間だけでなく、上司・部下、同僚間などでも使えます。お互いに自分の言い分や感じていることを伝え合うことで、新しい発見もあるでしょう。

第2章で使ったアンガーマネジメントテクニック

	テクニック	ねらい	参照ページ
❶	ファーストインプレッション	自分がどのように見られているかを知る	35
❷	6秒ルール	怒りに反応せず、6秒間をやりすごす	37
❸	呼吸リラクゼーション	呼吸を整えリラックスして、物事に対処する	39
❹	アサーティブコミュニケーション	相手の思いを大切にし、自らの思いを伝える	41・53
❺	3コラムテクニック	価値観のゆがみを書き換える	43
❻	プレイロール	理想の人をまねすることで、怒りの対処を身につける	45
❼	サクセスログ	成功体験を記録し自信をつける	47
❽	変化ログ	具体的なステップを書き変化をつくる	49
❾	思い込みと事実の切り分け	客観的な事実を知ることで具体的な対策が取れる	51
❿	ポジティブセルフトーク	前向きになる言葉を言い、気持ちを明るくする	53
⓫	ミラクルデイエクササイズ	ゴールをイメージしてモチベーションを保つ	55
⓬	アンガーログ	自分の怒りの傾向を知る	57
⓭	タイムアウト	一旦その場を離れて冷静になる	59
	身体リラクゼーション	軽い運動でリフレッシュする	
⓮	ストレスログ	感情を整理して行動の優先順位をつける	61
⓯	ポジティブモーメント	成功体験を思い出してリセットする	63
⓰	タイムライン	人生の出来事と感情の相関を分析する	65
⓱	ストップシンキング	思考を停止して怒りすぎを防ぐ	67
⓲	グラウンディング	ものを観察することで怒りの増幅を防ぐ	69
	カウントバック	数を数えることで怒りから意識をそらす	
⓳	べきログ	自分の怒りの引き金を知る	71
⓴	ブレイクパターン	いつもと違う行動で悪循環を断ち切る	73・81
㉑	セルフストーリー	理想のゴールに向かう過程として現在を捉える	75
㉒	24時間アクトカーム	自分の変化が相手に与える影響を知る	77
㉓	スケールテクニック	点数をつけることで、怒りを客観的に見る	79
㉔	ハッピーログ	小さな喜びを見つけてポジティブになる	83
㉕	不安ログ	不安を客観的に仕分けし、コントロールする	85
㉖	コーピングマントラ	魔法の呪文で心を落ち着かせる	87
㉗	エクスターナライジング	怒りを視覚化し、理解しやすくする	89
㉘	カップルダイアローグ	お互いの意見を伝え合う	91

第 **3** 章

アンガーマネジメント体験講座

この章では、アンガーマネジメント体験講座の内容と、そのテクニックをどう実践していくのか、先生方の変化や気づきを紹介します。

東京会場の様子

岡山会場の様子

① 小学校教師のためのアンガーマネジメント講座

　この本を執筆するにあたり、アンガーマネジメント講座を受講したことがない小学校の先生を対象に「小学校教師のためのアンガーマネジメント講座」を企画しました。2会場あわせて 31 名の先生方*がご参加くださいました。

*　●参加者　　　　　　31 名（東京 15 名、岡山 16 名）
　　●アンケート回収　　30 件（東京 14 名、岡山 16 名）
　　●アンケートの男女比　男性 9 名、女性 21 名
　　●年代別　　　　　　20 代 5 名、30 代 8 名、40 代 12 名、50 代 5 名
　　●教師歴　　　　　　10 年以内 17 名、20 年以内 6 名、21 年以上 4 名（無回答 3 名）
　　●担当学年等　　　　1 年 2 名、2 年 5 名、3 年 4 名、4 年 3 名、5 年 1 名、6 年 3 名、特別支援学校等 9 名、養護教諭 2 名（無記入 1 名）
　　■参加者の属性　　　女性、経験年数 10 年以内、特別支援学級を担当している先生の比率が高い。特別支援学級に携わる先生方の多くが「子どもへの対応で怒りの場面が多くなる」という悩みを持っている。

■日常で怒りを感じる対象、場面で多いものは？（複数回答可）

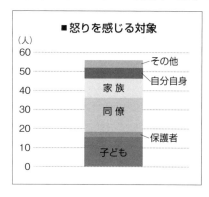
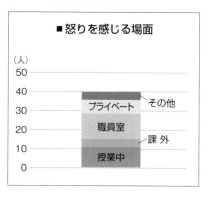

　怒りを感じる対象、場面は、対同僚＞対子ども＞対家族の順で多いようです。怒りは「身近な人」ほど強くなる傾向があります。多くの時間を過ごす相手ほど、怒りを感じやすいのです。それは「相手をコントロールできる」という思い込みかもしれません。
　対象別に多かった具体例を挙げてみます。

◆対子ども
・子どもが言うことをきかない（やるべきことをしない、静かにすべきときに静かにしない、整列しない、勉強しない、適当にしているとき）。
・担任への態度と養護教諭の私への態度の差に、軽く扱われているなと感じたとき。
・指導中反抗的な態度を取るとき。
・指導をしても繰り返し同じことをし、反省や改善が見られないとき。
・努力せず、安易に人に頼るとき。
・人によって態度を変え、なめられていると感じるとき。

◆対同僚
・子どもに理不尽に怒っているのを見たとき。
・やるべきことをやらない部下。
・上から目線で一方的に自分のやり方を押し付けられたとき。
・自分の状況をわかってくれないとき、思いやってくれないとき。
・時間を守らないとき。
・働かない同僚に対して。
・自分だけ仕事を押し付けられるとき。

◆その他
・やるべきことがきちんとできない自分に対して。
・時間がうまく使えていない自分に対して。

多くの具体例が挙げられましたが、よくみると

> ・先生のいうことは聞くべき
> ・授業中は静かにするべき
> ・自分のやり方を押し付けないべき

など、怒りのもとには私たち自身の心の中にある多くの「べき」が見えてきます。

② 「べきのすり合わせ」ワークの実践

アンガーマネジメント体験講座の中で、参加した先生方の関心が最も高かったのが、「べきのすり合わせ」ワークです。その実践方法を紹介します。

◆「べきのすり合わせ」ワークのやり方

＊人数：1グループ4名から6名。ファシリテーター役1名。
＊場所：会議室または教室（書いたり、話し合ったりする作業がしやすい環境が望ましい）。
＊時間：15分〜20分
＊テーマ：「教師とはこうあるべき」について（異なる視点でグループワークを行う）。
　グループ1「子どもから見た理想の教師像」（子どもの立場になって）
　グループ2「保護者から見た理想の教師像」（保護者の立場になって）
　グループ3「自分の考える理想の教師像」

手順1 各グループに割り当てられた問いについて、5分間ほどでふだん自分が大切にしている自分の「べき」を個人のべきシートに記入する。

自分にとって当たり前だと思っている「べき」を次ページにあるべきシートの左側の欄に思いつくまま書いてみてください。

例えば、「時間は守るべき」「挨拶はするべき」などの日常生活に関することや、「管理職はこうあるべき」「教師はこうあるべき」「親はこうあるべき」「小学生はこうあるべき」など、教師の仕事に関することも挙げられます。

参加された先生方は次々と自分の「べき」を書いていました。「いつもどうやって子どもに接しているのかな？」とあらためて自分に問いかけていたようです。

教員研修でこのワークをすると、何十個も挙げる方が多くいらっしゃいます。指導する立場として「べき」を常日頃から意識していることは、「教師としてあるべき姿」なのでしょう。

◆べきシート（「子どもから見た理想の教師像」のグループの例）

自分の「べき」	他人の「べき」
・子どもの話をよく聞くべき ・どの子も大切にするべき ・挨拶は自分からするべき ・悪いことをした時は厳しくしかるべき ・教師の価値観を押し付けないべき ・困っている時は助けてくれるべき ・ほめるべき ・よく子どものようすを見てあげるべき ・分かりやすい授業をするべき ・子どもと一緒に遊ぶべき ・話しやすい雰囲気になっているべき ・子どもを理解するべき	

手順2 グループごとに各メンバーの「べき」を下の「べきのすり合わせシート」に記入していきます。同じような内容・表現があった場合は、話し合って統一してください。

◆「子どもから見た理想の教師像」のすり合わせシート

べ　　　き	Tさん	Sさん	Iさん	Wさん	合計	ランキング
子どもの話をよく聞いて理解すべき						
褒めるべき・よく見てあげるべき						
悪いことをした時は厳しく叱るべき						
分かりやすい授業をするべき						
子どもと一緒に遊ぶべき						
どの子も大切にするべき						
教師の価値観を押し付けないべき						
困っている時は助けてくれるべき						

手順3 各メンバーの「べき」について、各自が優先順位を記入していきます。

手順4 全員の優先順位の数字を足して、一番点数が低いものが1位として、そのグループの「べき」のランキングを出してください。

手順5 ファシリテーター役が1から3の理想像について、各グループの意見をまとめます。

　これまで述べた手順でできあがったのが、次ページの「べき」のすり合わせシ

―トです。

①-1 子どもから見た理想の教師像 (グループ1)

べ き	Tさん	Sさん	Iさん	Wさん	合計	ランキング
子どもの話をよく聞いて理解すべき	1	4	2	3	10	1位
褒めるべき・よく見てあげるべき	2	3	3	7	15	4位
悪いことをした時は厳しく叱るべき	3	8	8	8	27	8位
分かりやすい授業をするべき	4	1	1	5	11	2位
子どもと一緒に遊ぶべき	8	6	4	4	22	6位
どの子も大切にするべき	5	2	5	1	13	3位
教師の価値観を押し付けないべき	6	5	7	2	20	5位
困っている時は助けてくれるべき	7	7	6	6	26	7位

（各自の優先順位）　（グループとしての優先順位）

　この「べき」のすり合わせシートは、実際に小学校教師がグループワークをした内容です。左側に書いたべきは、教師個人が考えている「子どもから見た理想の教師はこうあるべき」です。様々な「べき」が出ました。どれも、理想的な教師像として納得できる「べき」だと思います。

　しかし、個別に優先順位をつけてみると、人によって優先順位がまちまちです。横計で一番数値が低いものが、ランキング1位になります。グループ1では、「子どもの話を聞くべき」と話しかけやすいなど、子どもとのコミュニケーションを大切にする「べき」が1位になりました。2位が「分かりやすい授業をするべき」。こちらは、1位を2人がつけましたが、優先順位が5の人がいたので、1点差で2位となりました。とくに、経験年数の若い教師が、他の教師のいろいろな「べき」について新鮮な驚きがあったようです。和気あいあいとした雰囲気でワークが進みました。

[視点を変えてみよう]

　次ページ①-2の表は、グループ2が考えた、同じ「子どもから見た理想の教師はこうあるべき」です。

①-2 子どもから見た理想の教師像（グループ2）

べ　　き	Tさん	Hさん	Kさん	Iさん	合計	ランキング
授業は分かりやすく	2	5	3	4	14	3位
子どもの言葉を聞き受け止める あたたかい雰囲気	1	2	2	2	7	1位
子どもにとって魅力的な存在	4	1	1	1	7	1位
明るく楽しい	3	4	5	5	17	5位
言葉の使い方 相手を大切にする言葉のやりとり	5	3	4	3	15	4位

　グループ2では、1位に「子どもの言葉を聞き受け止めるべき」と同点で「子どもにとって魅力的な存在であるべき」が子どもにとっての理想の教師の1位でした。表現は違いますが、グループ1と同じ「子どもの話を聞くこと」に関して同様の結果となりました。子どもが欲していることは「話を聞いてあげること」だと普段の指導で感じた共通の経験があるのでしょうか。面白い結果になりました。

② 保護者から見た理想の教師像（保護者の立場に立って）

べ　　き	Tさん	Sさん	Aさん	Kさん	合計	ランキング
教え方が上手	1	1	1	3	6	1位
よいところをほめる	3	3	4	4	14	4位
きちんと叱る	4	2	2	5	13	3位
公平にする	2	4	3	2	11	2位
大人として子どもの手本になる	5	5	5	1	16	5位

　②は「保護者から見た理想の教師はこうあるべき」の「べき」のすり合わせ結果です。教師が想像する、保護者から見た「教師はこうあるべき」です。「教え方が上手であるべき」が1位になりました。学習指導の結果が出ることが保護者にとって理想の教師なのではと考えた3名が1位につけています。
　また、「きちんと叱るべき」が2位になったことは、叱ることの必要性を保護者から要望されていることがあるのかもしれません。いずれにしても、「子どもから見た理想の教師はこうあるべき」とまた違った「べき」があるようです。

③ 教師から見た理想の教師像 (教師の立場に立って)

べ　　　き	Kさん	Mさん	Kさん	Mさん	合計	ランキング
授業は分かりやすく	1	1	1	1	4	1位
子どもを尊重する	2	2	2	2	8	2位
同僚と協力できる	5	3	3	4	15	3位
信頼される教師	3	4	4	5	16	4位
学び続ける	4	5	5	3	17	5位

　③は「教師から見た理想の教師はこうあるべき」シートです。こちらでは、「授業がわかりやすい」ことに全員が1位をつけています。2位が「子どもを尊重するべき」です。こちらは、子どもから見た理想像1位「子どもの話をよく聞くべき」に近い価値観だと考えられます。普段の指導の上で、子どもと向き合うことに関して「子どもの尊重」と「話をよく聞く」には共通の思いがあることがわかります。3位の「同僚との協力」は同じ立場として教師同士が協力体制をとる重要性を意識しているのではと推察されます。

　ここまで、理想の教師像について、1.「子どもの立場から」2.「保護者の立場から」3.「教師の立場から」の3つの立場から見てきました。1つ言えることは、同じ小学校教師から見ても、立場が変われば理想である「べき」も違うということです。

　子どもの立場と教師の立場から見た場合は、「話を聞くべき」は行動、「子どもを尊重するべき」は態度として同じ行動を指していると考えられます。また「保護者の理想の教師」は結果重視なのでは、と日頃から感じている状況があるのでしょう。3つの立場をまとめると「子どもを尊重しながらも授業が分かりやすく結果を出せる教師」が教師、子ども、保護者の理想の教師像という結果になりました。

　理想はあくまでも目標です。理想を現実化するためには、今、どうすればいいのか。どう行動すれば理想の教師像に近づけるのか、ゴールを設定するのはとてもいいことです。教師も子どもと共に成長していく存在。解決志向でアンガーマネジメントに取り組んでいただきたいと思います。

■価値観の幅を広げる

　グループワーク直後にこんな感想をいただきました。《同じ小学校教師だけれども、

いろんな「べき」があることが分かり、自分の内側を広げることの大切さを感じた》。

また、《通級の子どもは「べき」が強く、自分の主張を曲げたり、相手の意見を受け入れたりすることがむずかしい特性がある。そのこだわりの強さを可視化できるよい教材なので子どもたちとやってみたい》という意見もありました。

ふだん、仕事をされる上で、ご自分の「べき」を押し付けていることにあらためて気づかれたようです。自分の「べき」を押し付けていると、「なぜ、できないの?」と相手への非難につながります。「なぜ?」から「どうすれば、できるだろう?」と解決志向で考えてみましょう。

■異なる価値観

「自分のべき」と「他人のべき」にはどんな共通点がありましたか? また、どんな価値観の違いがありましたか?

価値観に間違いはないのですが、強すぎる「べき」は、相手への過度な要求や押し付けになる可能性があります。また、しょっちゅうイライラする人は自分の「べき」のこだわりが強かったり、「べき」の数が多かったりするのかもしれません。

とくに、教師の場合は、子どもや保護者への対応が年齢や経験の積み重ねによって異なります。たとえば新卒の新任教師は子どもにより近い年代として、子どもの価値観をより自分ごととして分かりやすい傾向もあります。同じ新任でも、民間企業などで社会人経験がある教師は、学校現場とは異なる価値観の中で仕事をしてきたはずです。

まず、価値観は人によって違うということを認めた上で、相手に向き合ってみましょう。同じ職場で、同じ子どもたちと接するためには、教師としての「べき」をある程度すり合わせをすることで、指導の統一性につながります。

③ 関わりの変化

体験講座を受講していただいた先生方に、1カ月後インターネットによる事後アンケートにご協力いただきました。先生方に回答いただいた内容から、対子ども、同僚、保護者・家族との関わりの変化についてエピソードをまじえて紹介します。

〈対子ども〉

クラスが騒がしくて怒鳴っていたA先生 （中学年担当、教師歴5年）

怒りの強度と関わりの変化

受講前　　　　　　　　　受講後自己評価

学級が騒がしい時にかっとなって怒鳴ってしまうことがありました。

授業中騒がしくなっても、以前のように怒鳴ることがなくなってきました。

エピソードや感想

　授業中にクラスが騒がしくなる場面で、以前にはうるさい！　と思ったら「おしゃべりしない！」などと怒鳴ってしまっていましたが、6秒待つように心がけました。そうすると、怒鳴ることがなくなり、冷静に静かにするように言うことができました。

　講座を受ける前と受けた後では、教室での叱り方が大きく変わりました。とにかく**「待つ」姿勢を大事にしました**。ヒステリックに怒鳴って後悔することが減ったと思います。

ami先生の一言

6秒待てるようになってよかったですね。もし待てないときはほかのテクニックも試してみましょう。

〈対子ども〉

授業に遅れてくる子どもたちにイライラしたB先生　（学年以外担当、教師歴9年）

怒りの強度と関わりの変化

受講前

➡

受講後自己評価

授業に遅れてくる子どもたちがいるとその子どもたちにイライラしました。

子どもたちに「授業に遅れてきたらいけないわけ」を考えさせられるようになりました。

エピソードや感想

　授業に遅れてくる子は勉強になかなか集中しなかったので、気持ちの切り替えが大事なことなどを、きちんと説明しました。

　受講して、**イライラの回数が減った**と思います。コップから怒りの感情が溢れないようにしたいと思います。

ami先生の一言

コップに怒りがたまらないように、気分転換する方法をたくさん見つけましょう。

〈対子ども〉

子ども同士のトラブルに敏感になっていたC先生　（中学年担当、教師歴10年）

怒りの強度と関わりの変化

受講前　　　　　　　　　受講後自己評価

 →

トラブルがあると、すぐに「なんで」と思ってしまっていました。

子ども同士のトラブルがあったときは、6秒待つようになりました。

エピソードや感想

　被害者意識が強い子どもに対して、以前は「あなたが先にしてはいけないことをしたから、悪口を言われたんだよ」と話をしていました。講座を受けたあとはその子の辛さやしんどさをとことん聞くことができました。そして、**その子の気持ちをいったん受け入れた**うえで、その子の友だちへの接し方で間違っていたことを話しました。

　そうすると、その子も自分の行動を素直に振り返ることができ、友だちにも謝ることができました。子ども同士お互いに辛かった思いを聞き、誤解が解けました。これからも**子どもたちに寄り添ってアンガーマネジメントを実践していきたいです。**

ami先生の一言
6秒待てるように心の余裕が生まれたのですね。

〈対子ども〉

衝動的に怒ってしまう子に困っていたD先生　（低学年担当、教師歴18年）

怒りの強度と関わりの変化

受講前

受講後自己評価

衝動的に怒ってしまう子どもに助言の手立てが取れませんでした。

待つこと、場所を変えることなど、具体的に助言ができました。

エピソードや感想

　自分の思い通りにならないときに物に当たったり、暴力を振るう子どもがいます。本人は、怒りのピークが過ぎれば、振り返って素直に暴力を反省します。思わず手が出てしまう自分が、止められない様子です。今までは「暴力はいけないこと」と諭し、相手に謝らせて指導は終了でした。トラブルは繰り返され、その衝動をどうしたらよいか困っている様子でした。

　アンガーマネジメントを学び、その**場面に応じた怒りのピークのやり過ごし方を具体的に子どもと共に探ることができる**ようになりました。以前より本人の困っている部分に的確な指導が進められそうな気がします。

ami先生の一言
先生がアンガーマネジメントを学ぶことで、子どもたちにも伝えられるようになりますね。

〈対子ども〉

子どもの怒りに同調していた E先生　（低学年担当、教師歴23年）

怒りの強度と関わりの変化

受講前

子どもの怒りに同調してしまい、同じように大きな声を出しがちでした。

受講後自己評価

6秒待つことを意識し、声を大きくすることなく対応しようと心がけています。

エピソードや感想

　けんかをして、イライラしている子どもたちを鎮めるために、ついそれ以上に大きな声を出して、静かにさせようとしていました。講座を受けて、6秒待つことの大切さを理解し、まずは、深く息を吐くことを意識するようになりました。一息吐いてから、子どもたちに**「どうすればよいか、一緒に考えよう」**と話しています。

　とくに意識しているのは、6秒待つこと。深く息を吐くこと。自分の「べき」を意識すること。気づいた「べき」を他人にも知らせることです。

ami先生の一言

自分の「べき」を子どもたちにも知らせておくことで、子どもたちに先生の大切にしていることが伝わりますね。これからもこの実践を続けてくださいね。

〈対子ども〉

イラッとするとすぐにきつい言葉を言ってしまう
F先生　（中学年担当、教師歴1年）

怒りの強度と関わりの変化

受講前

受講後自己評価

イラッとしてしまうことがあると、すぐにきつい言葉を言ったり、そのような態度を取ったりしていました。

6秒ルールなどの具体的なコントロールを実践し、落ち着くことができています。

エピソードや感想

　子どもたちに対して、怒りをコントロールできるようになったのかと思います。知らず知らずのうちに怒ったり落ち着いたりしているので、もっと意識するようになるとなおよいのかと思います。

ami先生の一言

アンガーマネジメントはトレーニングです。日々意識していくと、身についてきます。これからも多くの怒りの場面があると思いますがアンガーマネジメントをずっと実践されることで怒りに振り回されない先生を目指しましょう。

〈対子ども〉

対応に余裕がもてた
G先生 （低学年担当、教師歴23年）

怒りの強度と関わりの変化

受講前　　　　　　　　　受講後自己評価

変化はありません。クラスが落ち着いており、こちらの対応に余裕があります。

エピソードや感想

　友達とささいなことで怒りを爆発させるタイプの男子の話を聞きながら、心のコップの話をして、自分の第一次感情に気づくよう促しました。また、アンガーマネジメントに基づく問題解決の方策をいくつか提案し、本人が自分で選べるようにしました。

　アンガーマネジメントは、**学校現場にとって大変有効な方法だと感じています**。まず、子ども向けに実践していく中で、他の教職員にもそのよさを分かってもらいたいと思います。

ami先生の一言

学級が落ち着いて子どもたちとの関係も良好とのこと、素晴らしいですね。子どもたちの第一次感情に寄り添えると、子どもたちとの関係がさらによくなります。きっと周りの先生方にもアンガーマネジメントが広がることでしょう。

〈対子ども〉

怒りからのストレスをためている
H先生　（低学年担当、教師歴7年）

怒りの強度と関わりの変化

受講前　　　　　　　　　　受講後自己評価

変化はありませんでした。

エピソードや感想

　大変参考になる講習でした。しかし、怒りからのストレスは長年蓄積されてしまっているので、数時間の体験で劇的に変わるということはありませんでした。時間をかけてじっくり受講させていただいたら、頭と心で理解が進み、さらに、**楽に生きることができるきっかけになるだろうな**と思っています。

ami先生の一言

今回の受講をきっかけに、少しずつ焦らずに自分の感情と向き合っていくことが大切だと思います。巻末に挙げたアンガーマネジメントに関する書籍もご参考にしてください。これからもご紹介したテクニックを使ってトレーニングしていってください。

〈対同僚〉

イライラする人に嫌悪感をいだいた I 先生 （中学年担当、教師歴5年）

怒りの強度と関わりの変化

受講前

イライラする人に対してビクビクしていて嫌悪感を抱いていました。

受講後自己評価

いろいろな問題に気付いて偉いな、と思えるようになりました。

エピソードや感想

　先輩がすぐにイライラするのが怖くてビクビクしていましたが、そういう人は「組織の問題にすぐに気付くことができて、いなくてはならない存在」と講座で伺って以来、そういう目で見ることができるようになりました。そうすると、やはりいろいろなことにすぐに気付くことができている、という良い面に目が向き、怖い存在ではなくなりました。と同時に尊敬の念も抱くことができるようになり、先輩を**見る目ががらりと変わり、関係が良好になりました**。

ami先生の一言

アンガーマネジメントが身につくと「他人の怒り」に対しても見方が変わってきますね。3コラムテクニック（43ページ）を使って視点を変えるトレーニングを続けてくださいね。

〈対同僚〉

学年主任との考えが合わないと感じたJ先生　（低学年担当、教師歴18年）

怒りの強度と関わりの変化

受講前

受講後自己評価

本年度異動してきた学年主任の考えや行動が合わないと感じることがありました。

「べき」の違いに気づいて、以前よりも折衷案を提案できるようになりました。

エピソードや感想

　本校のこれまでの進め方と、ベテラン主任のこれまでの経験の間には様々な違いがあり、「こうあるべき」という部分が違うことも多々ありました。そのため学年で進める方向性を決定するときに、なんとなくお互い遠慮しながらも納得できない部分を持ちながら学年運営が進んでいました。

　アンガーマネジメントを学び、主任と私の**「こうあるべき」が違うのは当然**で、それを認識したうえで、子どもと教師にとって最善の、無理のない運営ができることが大切だと考えるようになりました。

ami先生の一言

相手の「べき」を認め、自分の「べき」の幅を広げる努力ができたら、次は「べきの境界線」を相手に伝えていく努力もしてみましょう！

〈対同僚〉

あいさつ、返事をしない後輩にイライラしていたK先生 （高学年担当）

怒りの強度と関わりの変化

受講前

言われたことだけする、あいさつ、返事をしないことに怒っていました。

受講後自己評価

年代、経験、個人の感じ方の差があるのだと考え、言葉にして伝えるようになりました。

エピソードや感想

　子どもの不適切な行動（不安げな表情、企んでいるような笑い、大きな声を出すなど、間違った表現方法で感情を伝える）などの捉え方についても、気づいていないだけかもしれない。経験の差で支援の方法が分からないだけかもしれないと気づくきっかけになりました。状況と対応などを後輩に確認し、教師が介入しなくてもよい方法や事前の準備が必要だということを話すことができました。**自分の「べき」を押しつけることをやめることができました。**

ami先生の一言
「べき」の「押しつけ」はNGですが、「上手に伝える」ことは大切です。的確に伝えるにはボキャブラリーも増やしましょう。

〈対同僚〉

特別支援学級の指導計画を理解してもらえなかったL先生 （中学年担当、教師歴25年）

怒りの強度と関わりの変化

受講前

丁寧な仕事をしない職員に対して、イライラした感情が起きました。

受講後自己評価

自分の「べき」を押し付けすぎないようにと感じました。

エピソードや感想

　特別支援学級は複数担任なので、チームで指導に当たっています。子ども一人ひとりへのきめ細かい指導が大切であること、そのための準備が大切なことを話していました。若い職員から「あまり細かいことを言われたくない」と言われたり、そのような態度を取られたりすることがあります。かなりカチンときますが、できるだけ穏やかに話をしようとしてきました。

　ただ、その後、そのカチンときた感情がかなり長引きます。そのマイナス感情に振り回されてしまう自分に気づき、**それに振り回されないこと、自分の考えている「こうあるべき」を押しつけすぎないこと**を心がけるようになりました。

ami先生の一言
相手にも「べき」があります。ときにはお互いの「べき」のすり合わせをしてみるといいですね。

〈対同僚〉

仕事ができない同世代の教師にイライラした M先生 （中学年担当、教師歴28年）

怒りの強度と関わりの変化

受講前

自分の仕事ができない同僚へ腹を立てていました。

受講後自己評価

見ないようにする。できないことはできないと思うようにしました。

エピソードや感想

　教師歴28年、学年主任です。ほぼ同世代の男性教師は生徒指導を担当していて、3年から5年のクラスで図工や理科、書写を担当しています。教材研究や準備が足りないので見ているとイライラします。**他人ができないことを外から見てイライラしても仕方ないのだと思うことにしました。**

ami先生の一言

教師として何を大切にして何を目指しているかは人それぞれです。怒らなくてもいいことは怒らないという選択ができると、今までよりずっと楽に生活できるようになります。

〈対同僚〉

細かいことをいう教師を避けていたN先生 （中学年担当、教師歴8年）

怒りの強度と関わりの変化

受講前

受講後自己評価

合わないタイプの先生とあまり話しませんでした。

自分にはないよさがあることを認めようとするきっかけとなりました。

エピソードや感想

　大雑把な自分とは違い非常に細かい先生。自分からしたら「こんなくだらないことまで」と思うようなことにも気がつき、配慮される方です。すごいなあと思うけれど、その先生自身のやり方を押し付けられるような気がして、必要以上に近づきたくないと思っていました。講座受講後、細かいところまで気づいて動かれる先生に助けられていることがたくさんあることに気づき、それを**認めようとする意識を持つことができました。**

ami先生の一言

相手を変えるより、自分が変わるほうが簡単です。自分が変われば、相手との関わり方が変わってきますね。

〈対同僚〉

やることが多すぎてストレスになっている O先生 （学年外担当、教師歴9年）

怒りの強度と関わりの変化

受講前

受講後自己評価

| 勤務時間をすぎても、やらなければいけないことが多いと思っていました。 | 同僚に対してやってあげられること、やってあげられないことを区別しました。 |

エピソードや感想

　講座で質問した時に、「怒りの線引きが大事だ」と言われ、それでイライラしていたのかと分かりました。受講して、**イライラの回数が減ったと思います。**コップから怒りの感情が、溢れないようにしたいです。

ami先生の一言
ストレスログ（61ページ）で感情と行動を区別し、行動の優先順位をつけてみましょう。行動の選択の基準が明確になると、コップの水も減っていくでしょう。

〈対同僚〉

上司に言いたいことを言えずストレスになっている P先生 （中学年担当、教師歴12年）

怒りの強度と関わりの変化

受講前 　　　　　　　　受講後自己評価

> どちらかといえば変化がありませんでした。上司になかなか言いたいことが言えず、ストレスがたまりました。

エピソードや感想

上司が細かいところで指摘ばかりします。怒りの三重丸を用いて、許せること、許せないことの振り分けをしてみましたが、なかなかうまくいきませんでした。私は怒りをため込むタイプなので、許せないという部類に入れたことも言うことができませんでした。いつまでも何日もその怒りを引きずり、悶々とした日々を送っています。

ami先生の一言

まずは、3重丸（23ページ）の2「まあ許せる」と3「許せない」の境界線を再度自分に問いかけて、明確にすることからはじめてみましょう。「言いたいこと」を上手に言うには「アサーティブコミュニケーション」が有効です。アンガーマネジメントはトレーニングです。ぜひ継続して悶々とした日々から脱出してくださいね。

〈対保護者〉

保護者のわがままにイライラする Q先生 （中学年担当、教師歴10年）

怒りの強度と関わりの変化

受講前　　　　　　　　　受講後自己評価

| 保護者のことをついついわがままだと思っていました。 | 子どもを心配したうえでの言動や行動だと思うようになりました。 |

エピソードや感想

　友だちとのトラブルでけがをした子どもの家に連絡の電話を入れると「いじめではないですか？」開口一番言われました。子ども同士は、お互い納得して悪かったと謝り、解決はしていたので、一瞬「ムッ」としてしまいましたが、「わが子を心配しての発言なんだ」と思うことができました。6秒待つことで、冷静さを取り戻すことができました。

ami先生の一言

学校での出来事を報告する時に保護者の思いとすれ違うことはよくありますね。保護者の言葉にすぐに反応せず、「そういうふうに考えたんだ」と時間を取ることで冷静な対処ができるようになります。テクニックを使うことで余裕が生まれますね。

〈対保護者〉

保護者の物言いにカチンとくる R先生　（中学年担当、教師歴18年）

怒りの強度と関わりの変化

受講前 ⇒ 受講後自己評価

> 変化がありませんでした。怒りのコントロールを頭の中で意識して使うことがなかなかできていなかったような気がします。

エピソードや感想

電話で保護者の言い方にすぐにカチンときてしまいます。怒りをため込むタイプなので、すぐに怒りをあらわにすることはないのですが、6秒待ったり、深呼吸を心の中でするようにしました。電話を切ったあと、悶々とした気持ちがなかなか消えず引きずってしまいました。

怒りをため込むタイプはいつ、どんなふうに怒りをだしていいのか、なかなか分かりませんでした。次に、もし受ける機会があれば質問してみたいと思いました。

ami先生の一言

「怒る」と決めるのも一つの選択、でも「怒らない」を選んだら、気分転換をして心のコップの水を抜いてみましょう。仕事の合間に短時間でできるリフレッシュ、お休みの日にゆったり取り組む趣味やスポーツなど、いくつかバリエーションを持っておくといいですね。

〈対保護者〉

保護者の相談に乗る
S先生 （学年以外担当、教師歴12年）

怒りの強度と関わりの変化

受講前 → 受講後自己評価

| これまでも子どもや保護者の感情に寄り添うことを心がけてきました。 | アンガーマネジメントの3つの暗号を使って整理できるようになりました。 |

エピソードや感想

「小3の娘が宿題に時間がかかりすぎて、つい怒ってしまう」という保護者の相談を受けました。お母さんの不安やイライラ、悲しみなど第一次感情を整理すると同時に、お母さんの「宿題は早く終わらせるべき」「間違っていないのに書いた字を消すべきではない」、子どもの「字はきちんと書くべき」「時間がかかっても宿題をきちんとやるべき」など、それぞれの「べき」を整理し、親子に具体的な対処をすることができました。

ami先生の一言
身近な関係ほど自分の「べき」を知らないものです。お互いの「べき」を確認する時間を取るといいですね。

〈対保護者〉

保護者対応が楽になった
T先生　（学年以外担当、教師歴6年）

怒りの強度と関わりの変化

受講前　　　　　　　　　受講後自己評価

> あとから考えると「べき」のすり合わせが自然にできていたと思います。

エピソードや感想

　アンガーログもつけずにいた怠惰な受講生でしたが、振り返ってみると、以前より強く怒ることが少なくなっていたな、と気付きました。「べきのすり合わせ」「怒りは二次感情」は、おまじないのようなことばですね。保護者対応に一番役立ったように思います。

> **ami先生の一言**
> 本書で紹介したアンガーマネジメントテクニックは28、人によってやりやすいテクニックはそれぞれですが、自分に合うテクニックが見つかってよかったですね。今後も、アンガーマネジメントの実践で感情をコントロールし、心を整えた状態で保護者と向き合っていかれるよう応援しています。

コラム3

保護者向けのアンガーマネジメント講座

　子育てイライラの解消策としてアンガーマネジメント講座の依頼が増えています。小学校のPTA講演会、幼稚園、保育園保護者の子育て支援講座、保育士向け講座、教師向け講座など、子どもと直接関わる仕事や役割の方へ、アンガーマネジメントを伝えています。

　子育て中は、子どもを大事に育てたい気持ちがある一方で、親自身の思い通りにならないイライラを子どもにぶつけてしまい、後悔しがちです。受講者の傾向として、朝起きてから夜寝るまで、頻繁にイライラしているお母さんが多く、何回も同じことで怒っているせいで怒りの強度が高い（強く怒りすぎている）ことが挙げられます。

　講座では、怒りの発生のしくみや感情を素直に受け入れてどう対処すればいいか、身近な人に怒りは強くなるなどの怒りの特性などについて、大きくうなずきながら熱心に受講される姿が印象的です。

　受講後の感想の一部を紹介します。

> **40代小学生保護者**：自分の感情を客観的に考えて、あらためて子どもとの接し方を考えることができました。
> **30代乳幼児保護者**：子育て中、どうしても穏やかになれずにイライラして怒ることが多い。怒りをコントロールできるとは思っていなかったから驚いた。自分も身につけたい。

　まずは大人が、イライラを子どもにぶつけることなく穏やかな毎日を過ごすことで、アンガーマネジメントの見本となれるように努力していきたいものです。

コラム 4

大学教職課程におけるアンガーマネジメントの実践事例

　小学校教師を目指す大学生に「教育相談の理論と方法」という授業でアンガーマネジメントについて解説しています。怒りのボキャブラリーゲーム＊などを取り入れ、体験を通して理解できるようにしています。

　教育現場では子どもたちや保護者の怒りに振り回されることが多いため、学生時代にその対処法を学んでおくことが重要です。

　講義を受けた学生の感想を紹介します。

- 大事なのは「怒らない」ことではなく、「怒りをコントロールすること」だと学びました。教師になったとき、子どもや保護者、先生方など、今より様々な年代の人と過ごす中で怒りが出てくることもあると思います。そのときになって困らないように、今日学んだことを日頃から実行していこうと思いました。
- 思い通りにいかないことがあったときに真っ先に起こる感情が怒りだと思っていました。怒りは二次感情であり、その前段階に「不安」や「寂しい」などの第一次感情があることを知りました。教師になったら、子どもの第一次感情に目を向けられるようになりたいと強く思いました。
- アンガーマネジメントを忘れずに実践していくことは難しいと思います。「6秒待つこと」や「怒りの温度計」といったテクニックを日頃から考え、円満な人間関係を築けるようにしたいと思いました。

＊怒りのボキャブラリーゲーム：怒りを表す単語を思いつく限り出し、グループで共有するワーク。

| 資料 | 小学校教師のためのアンガーマネジメント体験講座

1. 講座の概要

受講希望者に依頼した内容は、次の3つです。

1）事前のアンガーマネジメント診断の受検（総合診断）

2）2時間30分の体験講座の受講

3）当日受講直後と受講1カ月後のアンケート調査への回答

当日の講座内容は、次の3つです。

①アンガーマネジメント入門講座

主な内容は以下の通り。

・アンガーマネジメントとは？

・アンガーマネジメントの3つの暗号

・怒りの感情って何？

・怒ってはダメなのか？

・問題となる4つの怒り

・怒りは第二次感情

・カッとなったときに待つテクニック

・私たちを怒らせるものの正体

・怒りの性質

②「べき」のすり合わせワーク

「教師とはこうあるべき」をテーマに、3つの立場から考えた自身の「べき」をグループですり合わせていきます。目的や方法等の詳細については、第3章②を見てください（96ページ参照）。

③アンケートの実施

最初は緊張していた方も、同じ小学校教師という立場から怒りの事例で共感する場面も多く、終始和気あいあいと積極的に参加してくださいました。「怒り」という負の感情を取り扱いながら、講座では笑いが起きる場面が多いのもアンガーマネジメント

講座の特徴です。

　講座の中で、日ごろ自分の中にためてしまいがちな「怒りの感情」を外に出すことで、客観的に見つめることができ、案外些細なことに怒っていたと気づくのかもしれません。また、笑い飛ばすことで、怒りの感情が昇華していくこともあるでしょう。

　受講後は、怒りに対する悩みや受講しての感想、アンガーマネジメントを体験しての気づきなどをアンケートに書いていただきました。

2. アンケートより

■アンガーマネジメント体験講座を受けていかがでしたか？

> 大変参考になった　20名、　　参考になった　10名、
> あまり参考にならなかった　0名

　参考になったという回答が100％でした。参加者の中には、「アンガーマネジメントという言葉を聞いたことはあるけれど疑問を持っていた。まずは実際に受けてみてから判断したいと参加した」という先生もいましたが、その効果を体感されたようです。

■参考になったのは具体的にどのようなところですか？

> ・怒りを感じたとき、どのように対処すればよいか（6秒待つ、許容できるか判断するなど）がわかった。
> ・怒りという感情はあってもよいのだ。それをどう思考や行動で変えていくのかが重要ということが印象に残った。
> ・怒りを正しく伝えるには豊かなボキャブラリーが必要ということ。（「はあ？」だけで片づけない）
> ・怒りのメカニズムが分かったので、客観的に受け入れることができる。
> ・子どもの第一次感情をとらえること。
> ・自分の心のコップの中身をこぼす努力が大切。
> ・怒りがあるのに表現していないだけ、見てみぬふりをしていたことに気づき、コ

> ントロールができないから苦しい思いだけたまっていたことが分かり、新しい発見だった。
> ・人によって「べき」には多様性があることがよくわかった。
> ・3つの暗号。特に自分の「べき」の境界線があいまいだったことに気づいた。
> ・自分が「べき」をたくさんつくってしまい、自身を追い込んでいるところがあった。
> ・「べき」のすり合わせでメンバーの出した価値観は多様だったけれど、全員ですり合わせて出た優先順位は自分にとっても納得できるものだった。
> ・自分の怒りの「頻度」を減らすことで、学級の雰囲気も落ち着いたものになると思う。
> ・診断で自分の怒りの傾向が分かった。
> ・思考を変える、行動を変える方法が分かったので、まずは自分を変えよう、変わりたいと思った。

多くの方が気づきとして挙げていたのは「怒りを客観的に可視化して捉えることができるようになった」という感想でした。また、相手や自分の第一次感情に目を向けることの大切さを実感した方も多く、怒りがどこからやってくるのかに目を向けることで対応も変わってくることを知っていただけたと思います。

■今後アンガーマネジメントをどのような場面で活用できそうですか？（複数回答可）

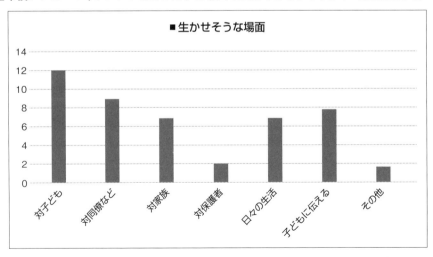

授業・指導の場面、同僚や上司など職場、保護者対応など、教師として怒りを感じる対象や場面のすべてでアンガーマネジメントは生かせそうだと感想にあがっています。
　また、プライベートでも生かせるとの声も多くありました。
　さらに、

・他人の「べき」を理解させ、行動を考えさせたい。
・怒りの強い子どもとトラブルを振り返り、今後どうすべきか相談していく場面で使えそう。
・「6秒数える」「手に書く」などの対処法を子どもに伝えたい。
・まずは自分が意識して実践、そのうえで子どもに伝えられるものを実践していきたい。
・怒りをうまくコントロールできずに問題行動を起こしてしまう子どもへの対応で使える。
・「怒りの日記」をクラスで取り組んでみたい。まずは自分で取り組んでみる。

　など、子どもにとってもアンガーマネジメントが必要であると考えてくださる先生方も多くいらっしゃいました。
　その他、

・職場の同僚などで悩んでいる人に伝えたい。
・「ほけんだより」を通じ、保護者にもアンガーマネジメントのエッセンスを伝えたい。
・イライラする「人」「こと」を分析してみようと思う。

　と、自分だけでなく、周りの人にもアンガーマネジメントを伝えたいという感想や、アンガーログから一歩進んで、自身の「怒りの対象や傾向」を理解したいと意欲的な感想もありました。

今回の受講者は、「アンガーマネジメントを一度受講してみたかった」、「受講した人に勧められた」という方が多く、皆さん「怒りの感情をどうにかできるものであればどうにかしたい」という思いがあるようです。ただ、アンガーマネジメントは「なんとなく、怒らなくなることだと思っていた」という方も少なくはなく、講座後には「アンガーマネジメントが怒りのメカニズムやテクニックという理論であることが分かり、受け入れやすかった」という感想も多くありました。
　アンガーマネジメントは精神論や道徳観ではなく、誰もが身につけることのできるテクニックです。トレーニングすることによって習慣になります。

　小学校教師という仕事を続けていくうえで、学校の中はもちろん家庭・家族の中でも、どのように自分の安定を図るかを考える必要があり、アンガーマネジメントはその有効な対処法となると考えます。アンガーマネジメントを身につけることで、先生方に学校でも家庭でも明るく元気に過ごしてほしいと願っています。

　小学校教師のためのアンガーマネジメント体験講座を受講された先生方、ご協力ありがとうございました。

子どもたちの教育に携わる皆様へ

　この数年、教育現場におけるアンガーマネジメントの必要性がとても高まっています。それに伴い日本アンガーマネジメント協会も教育現場への研修を多くおこなっております。なぜ教育現場でアンガーマネジメントの必要性が高まっているのでしょうか。それは教育現場を取り巻く環境の大きな変化があります。

　よいか悪いかは別にして、教育現場には以前よりもより多く外部からの価値観や意見が介入するようになりました。教育現場が社会に開かれることは歓迎することだと思いますが、一方で現場にいる先生方にとっては向き合わなければいけない問題が増えることにもつながっています。

　不登校、いじめの問題、虐待の対応、特別な視点や対応が求められる生徒や外国人生徒の増加等々。教育現場での課題が多様化すれば、対応するためにかかる時間は当然以前よりも多くなります。

　文部科学省の教員勤務実態調査によると教諭の月間平均残業時間は昭和41年度は月平均およそ8時間だったのに対して、平成18年度はおよそ42時間と5倍以上に増えていることが報告されています。

　労働時間が長くなれば、必然的に高ストレスな労働環境になります。ストレスが高くなれば、イライラすることが増えてしまうのはある意味仕方がないことなのかもしれません。

　ただ、だからといって毎日イライラしていたり、怒りの感情にとらわれていれば、本来向き合うべき教育の仕事に全力を注ぐことがむずかしくなります。それは先生方も望むことではないでしょう。

　子どもの教育に携わりたくて教育現場を志したのですから、自分が一番やりたいと思

っている本来の教育に生き生きとストレスなく向き合いたいと思うのが自然なことです。

　教育現場にいれば、イライラすることも、怒ることもいくらでもあると思います。アンガーマネジメントでは怒ることを否定はしていません。怒りは人に備わっているごく自然な感情です。怒りを感じることに罪悪感を覚える必要はありません。そして、怒りという感情そのものを取り除くことはできません。

　人は少しのストレス、怒りの感情であれば、プラスのエネルギーにしてパフォーマンスを上げることができますが、度を超えたストレス、怒りの感情は集中力を欠き、生産性を著しく低下させてしまいます。

　アンガーマネジメントのトレーニングを通じて、怒りの感情と上手に付き合えるようになることで、怒りの感情に振り回されることなく、先生になろうと志した本来の教育に力を集中することができるようになります。

　子どもを育てることは社会を育てることです。これから私たちがどのような社会を作りたいかは、子どもたちにどのようになってほしいかということに大きくかかっています。そうした大きな役割の一端を担っているのが日々教育現場でがんばっている先生方です。

　本書が子どもたちの教育を支える先生方にとって少しでも参考になったり、サポートになれば大変幸いです。

2016年8月25日

　　　　　　　　　　　　　　　　　社団法人日本アンガーマネジメント協会
　　　　　　　　　　　　　　　　　　　　代表　安藤俊介

参考文献

『怒りのセルフコントロール』マシュー・マッケイ他（明石書店、2011年）

『ナースのイラっ！ムカっ！ブチッ！の解消法59例』安藤俊介監修、執筆（日総研出版、2013年）

『大人のための「困った感情」のトリセツ』水島広子著（大和出版、2014年）

『スタンフォードのストレスを力に変える教科書』ケリー・マクゴニカル著（大和書房、2015年）

『イライラをコントロールする！　心がラクになる言い方』安藤俊介著（朝日新聞出版、2015年）

『この怒り なんとかして！！と思ったら読む本』安藤俊介著（星雲社、2015年）

『イラスト版子どものアンガーマネジメント　怒りをコントロールする43のスキル』篠真希＋長縄史子著、日本アンガーマネジメント協会監修（合同出版、2015年）

◉編者紹介

日本アンガーマネジメント協会

一般社団法人日本アンガーマネジメント協会は、ニューヨークに本部を置くナショナルアンガーマネジメント協会の日本支部です。全国の教育委員会と一緒に体罰防止、いじめ防止のプログラム開発を進めています。また、全国で講演、企業研修などを行い、年間3,200回以上の講座、講演、セミナーを行い、10万人以上（2015年実績）の方がアンガーマネジメントのプログラムを受講しています。

◉著者紹介

川上陽子（かわかみ・ようこ）
◉2章「子どもへのイラッ」、「保護者へのイラッ」、
　コラム1・2、3章1、3

一般社団法人日本アンガーマネジメント協会
アンガーマネジメントファシリテーター™

大学卒業後、公立中学校教諭、フリーアナウンサーを経て、アンガーマネジメントを取り入れたビジネスコミュニケーション研修講師となる。アンガーマネジメントファシリテーター™として、教師経験から教育関係機関への講演・研修登壇も多く、学校・家庭共に怒りの連鎖を生まない環境構築を目指して活動中。

斎藤美華（さいとう・みか）
◉1章、2章「子どもへのイラッ」、「同僚へのイラッ」、
　3章2、コラム3

一般社団法人日本アンガーマネジメント協会
アンガーマネジメントファシリテーター™

心理系大学卒業後、人材育成の研修企画などの仕事を経て、公立学校勤務。宮城県キャリアプロデューサーとして小・中・高等学校のキャリア教育に携わる。アンガーマネジメントファシリテーター™として、児童養護施設を始め、保護者向け、教師向け研修に登壇。地方新聞で毎週アンガーマネジメントのコラムを連載中。

三浦和美（みうら・かずみ）
◉2章「子どもへのイラッ」、3章3、コラム4

一般社団法人日本アンガーマネジメント協会
アンガーマネジメントファシリテーター™

公立小学校教諭を経て、大学で小学校教員養成（社会科教育）に携わっている。教職員・保護者から子どもたちの怒りに関する相談が増えたことを契機にアンガーマネジメントを学ぶ。アンガーマネジメントファシリテーター™として、大学の講義や外部の講演を通して、教育現場や家庭でアンガーマネジメントを広げる活動を行っている。
仙台市児童館等要支援児受入れに関するスーパーバイザー（2013年度～2016年度）。

■イラスト	長尾映美
■組　版	GALLAP
■装　幀	吉村朋子

子どもと関わる人のためのアンガーマネジメント
―――怒りの感情をコントロールする方法

2016 年　9 月 10 日　第 1 刷発行
2017 年　2 月 10 日　第 2 刷発行

監　修	一般社団法人日本アンガーマネジメント協会
著　者	川上陽子 ＋ 斎藤美華 ＋ 三浦和美
発行者	上野良治
発行所	合同出版株式会社
	東京都千代田区神田神保町 1-44
	郵便番号　101-0051
	電話 03 (3294) 3506 ／ FAX 03 (3294) 3509
	振替 00180-9-65422
	ホームページ http://www.godo-shuppan.co.jp/
印刷・製本	株式会社 シナノ

■刊行図書リストを無料進呈いたします。
■落丁・乱丁の際はお取り換えいたします。

本書を無断で複写・転訳載することは、法律で認められている場合を除き、著作権および出版社の権利の侵害になりますので、その場合にはあらかじめ小社あてに許諾を求めてください。

ISBN978-4-7726-1286-9　NDC 370　210 × 148
© 日本アンガーマネジメント協会、2016

イラスト版 クラスの困った！を解決する44のグループワーク

場面別 子どもが変わる学級カウンセリング

学級開き、長期休み明け、おしゃべり、もめごと、男女の対立、立ち歩き、いじめ…時期・場面に応じた短時間グループワークの処方箋。これでクラスを変える、子どもが変わる。

●A5判／160ページ／1800円＋税

上地安昭（兵庫教育大学名誉教授）[編著]
古谷雄作（神戸市立糀台小学校教諭）[著]

大好評3刷！

イラスト版 教師のための ソーシャルスキル トレーニング

子どもに思いが伝わり クラスがまとまる 話し方・関わり方

授業や活動を展開しつつ、クラス集団をまとめ、子ども一人ひとりを育成するために教師がいま身につけておきたいスキルを解説。

●B5判／112ページ／1600円＋税

早稲田大学教授
河村茂雄［編著］